MAURICE TALMEYR

Souvenirs d'avant le déluge

1870-1914

SOUVENIRS
D'AVANT LE DÉLUGE

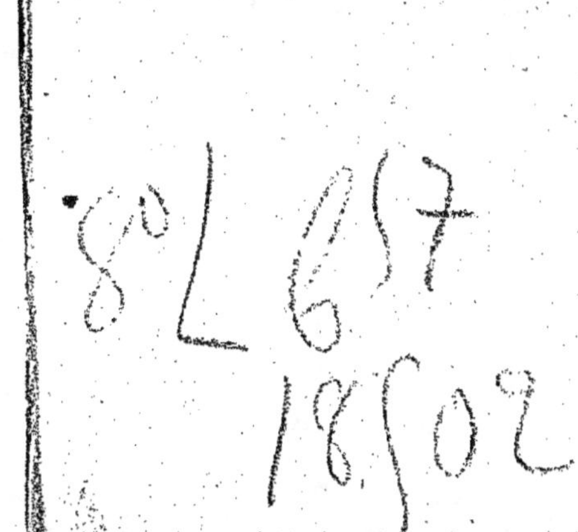

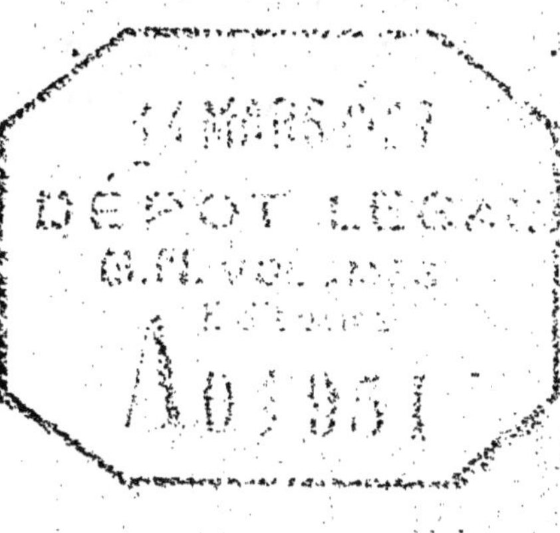

OUVRAGES DU MÊME AUTEUR

Le Grisou, roman (Dentu-Flammarion).
Vierge Sage, roman (Dentu).
Les Gens pourris (Dentu).
La Cormière, roman (Bibliothèque-Charpentier).
Sur le Banc (Études criminelles) 1re, 2me et 3me séries, trois volumes (Plon).
Les Possédés de la morphine (Plon).
Souvenirs de Journalisme (Plon).
Entre Mufles, comédie (Plon).
Sur le turf. (Librairie académique Perrin).
La Cité du sang, *ouvrage couronné par l'Académie Française.* (Librairie académique Perrin).
Portraits de la belle France, *ouvrage couronné par l'Académie Française.* (Librairie académique Perrin).
La Nouvelle Légende dorée, *ouvrage couronné par l'Académie Française.* (Librairie académique Perrin).
La Ténébreuse affaire La Roncière. Enigmes et drames judiciaires d'autrefois. (Librairie académique Perrin).
La Fin d'une Société. (La Renaissance du Livre).
Comment on fabrique l'opinion, brochure. (Librairie académique Perrin).
La Franc-Maçonnerie et la Révolution française, brochure. (Librairie académique Perrin).

MAURICE TALMEYR

SOUVENIRS

D'AVANT LE DÉLUGE

1870-1914

PARIS

LIBRAIRIE ACADÉMIQUE

PERRIN ET Cie, LIBRAIRES-ÉDITEURS

35, QUAI DES GRANDS-AUGUSTINS, 35

1927

SOUVENIRS D'AVANT LE DÉLUGE

CHAPITRE PREMIER

LA NAISSANCE D'UN RÉGIME

I

J'ai gardé, de la journée du Quatre-Septembre, une vision ineffaçable, à laquelle se mêle la plus singulière des impressions. Je crois toujours y revoir une course de Longchamp ou d'Auteuil un jour de grand prix, par un magnifique après-midi d'été. Les degrés de l'église de la Madeleine, où s'entassait un public qui braquait ses lorgnettes sur le Palais-Bourbon comme sur une piste, étaient un véritable « pesage », la foule de la place de la Concorde une véritable « pelouse », et les abords du Palais comme un rassemblement de bookmakers et de marchands de « tuyaux ».

Le champ de course et les obstacles se cachaient, il est vrai, derrière les murs et la colonnade de la Chambre, mais on n'en suivait pas moins passionnément l'épreuve dans toutes ses péripéties, par les nouvelles vraies ou fausses, et folles ou non, qui arrivaient continuellement aux parieurs. Malgré tout ce qu'elle avait de fantastique, l'analogie était complète, et je revenais de la place de la Madeleine au milieu d'une indescriptible cohue quand, au bout du pont de la Concorde, je remarquai un remous dans les attroupements du quai, et lorsque la grille de l'escalier extérieur du Palais s'ouvrait pour livrer passage à un groupe de députés. Extraordinairement affairés, ils en descendaient les marches en courant et, parmi eux, on reconnaissait Gambetta, mais qui n'était pas encore l'homme gras, appesanti et grisonnant d'un peu plus tard. C'était un Gambetta plutôt maigre, à longs cheveux et à l'air bohème, dont la redingote semblait venir du décrochez-moi-ça, et dont l'œil unique et proéminent flamboyait à côté de son œil mort, dans sa figure de sémite méridional. Même à ce moment psychologique, à la veille de devenir « le Dictateur », il conservait quelque chose de l'étudiant de quinzième année et du ténor de caboulot.

Quels pouvaient bien être ses suivants ? Il ne m'en reste pas la moindre idée, mais je les vois toujours faire signe à l'un de ces fiacres qu'on appelait alors des « sapins ». Le « sapin » s'approchait à travers la foule, et tous y grimpaient en hâte, l'un au fond de la voiture à côté du chef, deux autres sur le strapontin, un quatrième auprès du cocher, et tout cela précipitamment, sous un soleil caniculaire, sans un nuage au ciel, sans un souffle dans l'air, chacun s'épongeant et suant sous son chapeau. Puis, le tribun déjà fameux se dressait brusquement et comme avec colère dans la voiture, sommait les curieux de la laisser passer, avec un geste qui les balayait, montrait théâtralement l'horizon au cocher, lui ordonnait d'aller à l'Hôtel de Ville, et le « sapin » s'éloignait au milieu des cris, des acclamations et des rires... Le soir, une grande nouvelle transportait Paris. L'Empire était renversé, et la République était proclamée. Elle avait gagné la course !

Comme presque tout la jeunesse de mon âge, j'apprenais la nouvelle avec enthousiasme. J'avais vingt ans, et ma classe allait être appelée sous les drapeaux, mais je ne voulais même pas en attendre l'appel, mes parents eux-mêmes m'y engageaient et, dès la fin de septembre, j'étais envoyé à l'École militaire, pour une période d'instruction. Elle avait lieu au dépôt des Grenadiers de l'ancienne Garde impériale, et les quelques semaines passées alors avec ces vieux soldats sont le seul bon souvenir qui me soit resté de cette lamentable et terrible époque.

Ils étaient une quinzaine, avaient fait toutes les guerres du Second Empire dont ils portaient plus d'une marque, et nous initiaient au service avec une bonhomie et des attentions qui avaient quelque chose de paternel. Ils semblaient tout heureux d'avoir à apprendre à des jeunes gens à bien ranger leurs effets sur leurs planches au-dessus de leurs lits, à bien astiquer leurs boutons et à bien cirer leurs souliers, ces souliers sur-nommés des « godillots », du nom de leur célèbre fournisseur dont la ressemblance avec Napoléon III fut légendaire. J'avais, pour ma part, comme voisin de chambrée un vieux grenadier du nom de Chauvin qui s'occupait de moi comme un véritable grand-père. La figure toute couturée de cicatrices, avec de grosses mains ru-gueuses où manquait un doigt, un bon regard ombragé sous de gros sourcils et un léger tic de la moustache occasionné par l'habitude de chi-quer, — car il chiquait même en dormant, — il s'amusait à me reprendre dans les mains mes « godillots » que je nettoyais mal, les faisait re-luire devant moi comme des éclairs en quelques coups de brosse, puis me les rendait, et me disait, en souriant, que je pouvais maintenant m'y regarder comme dans le petit miroir de mon sac.

On nous faisait faire l'exercice deux fois par jour et, pour mieux nous l'apprendre, les vieux grenadiers exécutaient eux-mêmes devant nous des *portez-arme*, des *arme-au-bras*, des *présentez-arme*, des *crosse-à-terre*, qui nous émerveillaient. On n'imagine pas la force et le rythme de leurs mouvements. Tous les fusils s'élevaient ou s'a-baissaient d'un seul geste, retombaient en son-nant par terre d'un seul choc. C'était beau comme une belle page ! L'exercice fini, ils reprenaient leur bonhomie, et le sergent-major Fourcade était le plus bonhomme de tous. Le tambour-major, un interminable géant à gigantesques moustaches, se faisait une joie d'égayer nos pauses par les étourdissants tire-bouchons qu'il exécutait à plusieurs mètres en l'air avec sa canne, et le fourrier Derambure, un vieux briscard sentimental, raffolait de musique. Il y avait un piano dans la chambre des sous-officiers, et entre les exercices, dès que le service le permettait, on n'entendait plus dans la caserne que ses polkas et ses mazurkes. La grande valse à la mode était *Il Baccio*, et *Il Baccio*, matin et soir, nous arrivait avec ses *andante* et ses *adagio*, à travers les portes et les corridors, pendant que nous astiquions nos boutons et nos « godillots »... Ah ! ce dépôt de l'École Militaire, et tous ces vieux grenadiers chez qui les cicatrices remplaçaient les doigts qui leur manquaient ! Ils étaient bien ce qu'il y a toujours eu au monde de plus rare, de véritables braves gens.

La période d'instruction dura six semaines, à la fin desquelles je fus expédié au camp de Saint-Maur, au 105° de ligne, un des nombreux régiments de marche qu'on avait improvisés, non à la grâce de Dieu, mais à celle de la République. Je disais adieu au vieux Chauvin, au vieux sergent-major Fourcade, à l'interminable tambour-major, au vieux fourrier-mélomane, et j'en avais comme une mélancolie. Je n'allais plus voir, pendant six mois, que des tristesses et des désenchantements. Un hiver comme on n'en avait jamais connu en France, même en 1789 ; une famine qui réduisait le soldat à vivre des morceaux de biscuit en train de moisir dans son sac, ou de ce qui n'avait pas encore été pillé dans les caves et les greniers abandonnés ; une anarchie et une décomposition militaires devant lesquelles le cœur se sentait broyé ; des lueurs de folle espérance dont l'évanouissement vous replongeait dans des ténèbres encore plus noires ; des insanités, des hontes, des horreurs ; telles étaient les seules impressions qui devaient me rester de ces mois maudits !

Il y avait, la nuit de Noël, 30° au-dessous de zéro, et je me trouvais, cette nuit-là, de grand'garde dans une plaine que son obscurité faisait ressembler à un gouffre, lorsque j'entendis, à un moment, la sentinelle voisine pousser un épouvantable cri. J'appelai le poste, il arriva, mais on n'entendait plus rien, et nous n'apercevions même plus d'abord la malheureuse sentinelle. Elle était tombée par terre, morte de froid. Il en mourait ainsi toutes les nuits, et nous ne savions tous comment ne pas mourir de même. On n'avait rien à manger, et on pillait les maisons, dans l'espoir d'y découvrir des manteaux, des tricots, des couvertures, quelque vieux sac de légumes secs, de pois ou de haricots, quelque vieux fromage ou quelque vieux jambon qu'on dévorait. Un sergent revenait un matin d'un de ces pillages avec une extraordinaire coiffure de flanelle rouge où disparaissait sa figure. C'était un pantalon de femme dont il s'était fait un passe-montagne ! Dans certaines villas précipitamment abandonnées par leurs habitants pris de panique et qui s'étaient enfuis en perdant la tête, on trouvait encore la table mise et des coquilles d'œufs dans les assiettes. Dans une halte à Romainville, au cours d'un de ces continuels déplacements qui nous renvoyaient sans raison d'un point à un autre et nous exaspéraient, le bataillon s'arrêta devant le fort, et nous remarquâmes à ce moment sur la chaussée un gendarme qui interpellait des mobiles campés dans le fossé, autour de feux qui fumaient. Le malheureux gendarme avait attaché son cheval à la porte du fort où il avait été retenu plus d'une heure. Pendant ce temps-là, les mobiles avaient tué le cheval, l'avaient dépecé, débité, mis dans leurs gamelles, et le pauvre homme, affolé, leur demandait s'ils ne l'avaient pas aperçu.

— Hé, là-bas, les mobiles, vous n'avez pas vu un cheval ?

— Un cheval ? répondaient-ils en en dévorant les morceaux... Non, nous n'avons rien vu du tout.

— Mais il était attaché là !

— Nous n'avons pas vu de cheval...

Ils étaient en train de le manger !

Des paysans d'un département du Midi avaient formé dans la compagnie une bande à part, et partaient en tournée, des journées entières, sans qu'on sût exactement où ils allaient. Un soir, ils revenaient triomphalement en ramenant une chèvre, la tuaient et la faisaient cuire avec des cris de joie. Ils l'avaient découverte dans des ruines où se cachait une femme avec son enfant. Elle le nourrissait avec le lait de la chèvre, et avait supplié les soldats de la lui laisser, mais ils n'avaient rien voulu entendre et l'enfant et la mère étaient morts, quelques jours après.

Le désordre et l'indiscipline dépassaient toute imagination. Des soldats « tiraient des bordées » de près d'une semaine sans avoir à en rendre compte, et certains officiers paraissaient vouloir systématiquement ridiculiser le service. Un commandant, un soir, nous annonçait que nous allions faire une ronde de nuit, et demandait en plaisantant :

— Ohé, les amis ! Il n'y aurait pas là, par hasard, un enfant de Paris qui connaîtrait les environs ?

— Présent ! criait un homme.

— Bon !... Alors, c'est toi que regarde l'affaire... Allez, suivez-le !...

Il chargeait l'homme de nous servir de guide, tournait les talons en haussant les épaules, et la section, un instant après, partait à la suite de « l'enfant de Paris » sous le commandement d'un sous-lieutenant qui paraissait ivre. Il nous entraînait dans une indescriptible bousculade, à travers des terrains tout glissants de boue et plantés de piquets, nous commandait tout à coup de nous arrêter, levait sa gourde en l'air, et criait, en se la vidant dans la bouche :

— Attendez que je prenne ma lorgnette, et que je regarde où est l'ennemi !

Puis, il tombait assis sur un tas de pierres et

ne bougeait plus, tout en répétant entre ses dents : *En avant ! en avant ! En avant !* pendant qu'on s'embourbait de plus en plus dans les terres détrempées en vociférant des jurons. La ronde de nuit ne devait pas aller plus loin.

Pour m'étourdir et tromper le temps et le froid, par les nuits de grand'garde où l'on oubliait le plus souvent de venir nous relever, je m'étais mis à me livrer tout éveillé à des rêves où je me figurais voir arriver l'armée de la Loire. Tout en allant et venant, à la lueur des aurores boréales ou des lunes couleur de sang qui marquaient cet extraordinaire hiver, je m'exaltais si follement dans mes hallucinations que les lointaines canonnades m'y paraissaient véritablement se rapprocher. J'en venais à croire par instants qu'au fond de la nuit une armée française perçait bien réellement les lignes allemandes. J'écoutais, je prêtais l'oreille, et il me semblait l'entendre s'avancer... Oui, oui, c'était bien elle, les canons ne tonnaient plus aussi loin, c'était la victoire, c'était la délivrance... Mon cœur en bondissait de joie, et le même rêve, tout janvier, recommença à me transporter à chacune de mes factions. Il m'empêcha, je crois bien, de mourir de froid, et me faisait en même temps vivre dans l'espérance contre toute raison d'espérer quand, un matin, au retour d'une de ces grand'gardes fantastiques, on nous annonça la capitulation... C'était fini... Les Allemands nous tenaient... Paris s'était rendu... J'avais envie d'en pleurer.

II

Après la rentrée à l'intérieur de Paris j'étais versé au 35° de ligne, et un soir, presque aussitôt après l'extinction des feux, on sonnait le réveil... Que se passait-il ?... C'était le 18 mars, et j'ai vainement cherché, dans tout ce qui devait en être publié plus tard, quelque chose qui me fît vraiment revivre cette autre journée fameuse, notre historique expédition de nuit aux Buttes-Chaumont, et l'incroyable retraite qui devait la suivre, à travers une banlieue et des faubourgs en délire.

La voie qui menait aux Buttes était alors bordée, sur un côté, par une sorte de falaise, au sommet de laquelle grouillait et fourmillait toute une cité pouilleuse de cahutes, de baraques, de repaires et de ruelles borgnes. Tout, dans le quartier, à l'arrivée de la troupe, était désert et dormait. On n'apercevait pas une ombre, on n'entendait pas un bruit, mais toute une populace n'avait pas tardé à sortir de ses trous, et hurlait, quelques heures plus tard, sur notre passage, en agitant les bras, en brandissant des lanternes, et en nous poursuivant de ses clameurs où dominaient ces cris, poussés par des voix furieuses :

— Crosse en l'air ! Crosse en l'air !... Capitulards ! Capitulards ! Capitulards !...

Des femmes nous saisissaient par les bras pour nous faire rompre les rangs, d'autres nous lançaient des enfants dans les jambes pour nous empêcher d'avancer, d'autres se cramponnaient à nous en nous parlant à l'oreille pour nous engager à les suivre avec des propos dégoûtants. Des hommes, en même temps, essayaient de nous arracher nos fusils, d'autres nous montraient le poing en nous insultant, et les mêmes voix furibondes nous criaient toujours, à chaque pas :

— Capitulards ! Capitulards !... Crosse en l'air !... Capitulards !

Nous avions toutes les peines du monde à ne pas nous laisser désarmer, à nous dégager des femmes, à ne pas écraser les enfants et, pendant ce temps-là, une autre populace, encore plus enragée et plus sordide, nous insultait aussi du haut de la falaise, en nous couvrant de boue et de cailloux.

Comme de toutes les rues, les mêmes hurlements en partaient par bordées et, dans la tourbe en folie qui se poussait et se bousculait sur ce rempart au point d'avoir l'air d'être prête à en rouler, on voyait aussi par moments, à la lueur et dans la fumée des torches, des apparitions de bras et de gorges nus, de têtes échevelées et de jambes en bas transparents chaussées comme de cothurnes dorés... C'étaient les pensionnaires des maisons publiques de la Butte. Elles avaient quitté leurs bouges pour venir se joindre à l'émeute dans leurs déshabillés de prostituées, et leurs voix éraillées criaient comme toutes les autres :

— Capitulards ! Capitulards !... Crosse en l'air !... Capitulards !...

Qui n'a pas vu cette retraite nocturne des Buttes-Chaumont n'a rien vu. Tout un peuple en démence sous les reflets brumeux des torches et des lanternes ! La troupe se débattant pour ne se laisser ni disperser ni arracher ses armes, éviter les pierres et essuyer la boue qui pleuvait du haut du rempart ! Qui n'a pas vu cette nuit de mars, ses déchaînements, ses horreurs et ses obscénités, qui n'a pas entendu ces cris de « capitulards » et de « crosse en l'air » poussés par plus de cent mille voix, n'a rien vu, n'a rien entendu !

Le 35ᵉ était l'un des très rares régiments de ligne de Paris où existât encore une véritable discipline. Aussi, malgré tout ce qui aurait pu le mettre en déroute, il traversait le quartier des Buttes et les boulevards extérieurs sans répondre, autrement que par l'impassibilité de sa marche, aux clameurs et aux assauts. Nous étions, au jour, de retour à la caserne, mais pour y recevoir l'ordre de mettre sac au dos et de nous disposer à partir pour Versailles... Une heure plus tard, nous étions en route, et le soir, à la nuit tombante, nous arrivions au camp de Viroflay.

Sous la tente-abri où je m'étais couché, enroulé dans ma couverture, je dormis comme une souche jusqu'à la sonnerie du réveil. Mais le cri de « capitulards » n'avait pas cessé de retentir en rêve dans ma tête. Pour moi, comme pour bien d'autres, la capitulation avait été une douleur, et le plus insensé des projets me passa bientôt par l'esprit. Dans tout ce qui se racontait de fou et d'invraisemblable, on disait qu'une partie de l'armée s'était jointe à la Garde nationale pour refuser de se rendre, et je brûlais d'aller voir si c'était vrai. On racontait, d'ailleurs, que les pires horreurs étaient commises, que tout le monde prenait la fuite, et je me sentais dans une mortelle inquiétude en songeant à mes parents. On disait aussi que les banques et certaines administrations avaient été mises à sac. Mon père était secrétaire général de la Société Générale, et j'étais particulièrement tourmenté en pensant à lui. Les lettres, d'après ce qui se disait encore, ne partaient plus et n'arrivaient plus, et aller à Paris, n'y rester au besoin qu'une heure, mais voir ce qui s'y passait, embrasser mon père et ma mère, savoir ce qu'ils devenaient, s'ils étaient en danger, si la guerre allait continuer, si un autre gouvernement n'allait pas refuser de capituler, me joindre même en ce cas à la résistance : tout cela me hantait et m'obsédait de plus en plus. Je ne tenais pas en place, je ne dormais plus, et un soir, sans bruit, après l'extinction des feux, je quittai le camp. Au petit jour, j'arrivais à la porte d'Issy, où un garde national était de faction devant la grille de l'octroi. Une grande barbe noire, une de ces vieilles barbes républicaines à la façon de 1848 dont la mode régnait encore, lui donnait un air terrible, et il me criait,

d'un ton qui rappelait celui des réunions publiques, en me barrant la route avec son fusil :

— Citoyen, ma consigne est de vous arrêter,
mais la liberté avant tout !... Aussi, malgré ce
qui m'est ordonné, je vous laisse libre de vous
en retourner... Seulement, je vous en préviens,
si vous entrez, vous ne ressortirez pas.

Je me demandai un instant si je n'allais pas
rebrousser chemin, mais j'étais fou, je passai
quand même, et je lui répondis résolument,
après avoir hésité :

— J'entre !

— Bravo, me répliqua-t-il avec grandilo-
quence, vous êtes un bon !... Et, maintenant, allons boire un verre...

Et, déposant son fusil contre la grille, il m'emmenait chez le marchand de vin... Une demi-
heure après, il était en gaîté, se levait, et me disait très haut, en me secouant la main et en
retournant prendre sa faction :

— Allons, c'est assez bu... Merci pour l'amabilité... A présent, citoyen, vous pouvez payer,
je vous laisse faire...

Le quartier paraissait tranquille, et j'y trouvai
facilement un fiacre qui me mena chez mes parents, mais la concierge était tout interdite de me
voir, et me disait, en me montrant un papier où
étaient leurs adresses :

— Mais Monsieur et Madame ne sont plus là,
monsieur... Ils sont partis depuis deux jours.

Mon père était à la campagne, ma mère dans
un couvent des environs de Versailles, chez les

Dames de la Retraite, et je demandai, en me sentant déjà rassuré :

— Et qu'est-ce qui se passe ici ?

— Oh ! monsieur, rien que du vilain... On ne sait pas à quoi s'attendre... Toutes les familles s'en vont... Tout le monde a peur...

Pressé de me renseigner, je courais acheter des journaux, et je ne lisais pas alors sans stupeur, sur une grande affiche blanche, dans la liste des membres de la Commune, un nom que je connaissais bien, et qui me rappelait une aventure de presse, la première de ma vie de journaliste, qui m'était arrivée une année auparavant.

Dès le collège, j'avais toujours eu la passion d'écrire. Faire des vers, des contes, des romans, des articles de journaux, était mon rêve. La guerre à l'Empire, les idées démocratiques, le mirage de la République, étaient à ce moment, d'autre part, les grands attraits de la jeunesse. *Les Châtiments, Napoléon le Petit, La Lanterne* de Rochefort, étaient nos lectures de chevet, et je feuilletais fréquemment, sous les galeries de l'Odéon, un petit hebdomadaire satirique imprimé en caractères rouges, d'une amusante audace révolutionnaire, intitulé *Le Pilori*. Un jour, je lui envoyai un article, et l'article ne parut pas, mais on m'écrivit pour m'en demander un autre. Enchanté, je l'envoyai sans retard, et je guettais son apparition avec l'anxiété de l'échappé de collège impatient d'être publié, lorsque mon père me dit un matin en riant :

— Écoute, il faut que je te parle... J'ai à te raconter quelque chose qui t'amusera ou qui ne t'amusera peut-être pas, mais qui certainement t'intéressera.

Il me faisait en même temps entrer dans son cabinet, s'asseyait sans parler à son bureau mais en riant toujours, ouvrait un tiroir, en tirait deux enveloppes avec leur contenu, et me disait simplement en me les mettant dans la main :

— Tiens... Connais-tu ça ?

C'étaient les manuscrits de mes deux articles, dans les enveloppes où je les avais envoyés. Comme je n'avais soufflé mot à personne, ni des articles, ni de leur envoi, j'en restai tout abasourdi. Comment mon père pouvait-il les avoir entre les mains ?

— Eh bien, me demandait-il gaiement, tu ne dis rien ?

Et il me racontait comment ils se trouvaient en sa possession. Chargé, comme secrétaire général de la Société Générale, de prendre certaines informations sur les commerces et les industries à favoriser, il se trouvait nécessairement en rapport avec des fonctionnaires de la Police, et l'un d'eux lui avait demandé quel lien le rattachait à l'auteur de deux articles portant le même nom que lui et demeurant à la même adresse. Ces articles, lui avait en même temps expliqué le policier, avaient été envoyés au *Pilori*, et il croyait lui rendre service en le prévenant en confidence, pour que l'auteur en fût lui-même averti, que toutes les lettres et tous les articles adressés au journal en question étaient communiqués à la Police. *Le Pilori* était une des souricières dont se servait le Gouvernement impérial pour être secrètement renseigné sur ses ennemis. Or, le directeur en était un nommé *Ant. Arnault*, et ce nom d'*Ant. Arnault* qui figurait en rouge, un an auparavant, en tête de la souricière, je le retrouvais sur l'affiche, parmi ceux des membres de la Commune.

Il y a des ébahissements qu'on ne peut guère ne pas avoir à vingt ans, et le mien dépassait tout. Je m'y perdais, et j'avais peine à croire à ce que j'étais en train de lire et de relire, quand une main me tapait sur l'épaule.

— Comment ? me demandait tout stupéfait lui-même un de mes amis du quartier qu'une infirmité avait dispensé du service militaire.... Comment ?... C'est toi ?... Ici ?... A Paris ?... Mais tes parents sont partis, et ta mère est même allée se réfugier près de Versailles, où elle sait que se trouve ton régiment... Mais qu'est-ce que tu fais là ?

Je lui racontais mon odyssée, et il en était tout étourdi.

— Mais tu es fou, me dit-il, tu es fou !... Et quelle drôle d'histoire, ton affaire du *Pilori* !... Et tu as cru qu'on n'allait peut-être plus capituler ?... Tu ne sais donc pas dans quel état est Paris ?... Pourvu que tu puisses en repartir !

Nous déjeunâmes ensemble et il m'emmena ensuite sur les Boulevards... Je ne les reconnaissais plus, et le spectacle en était invraisemblable.

On a beaucoup ri du vieux cliché sur les « figures qu'on ne voit qu'aux plus mauvais jours de notre histoire », mais il n'est pas si risible, et on pourrait se demander s'il ne date pas de cette époque, et de ce qui s'y voyait entre la Madeleine et la Chaussée-d'Antin. Tous les saltimbanques, tous les lutteurs de foires, tous les bonneteurs, toutes les diseuses de bonne aventure, tous les marchands de cartes transparentes s'y étaient donné rendez-vous, encombrant et barrant le chemin, se livrant à leurs tours, à leurs exercices ou à leurs boniments, au milieu de toute une invasion de têtes horribles, de toute une cohue sinistre, où était hué ou apostrophé quiconque avait l'air d'un honnête homme. Toute la populace de la nuit des Buttes-Chaumont paraissait être descendue dans les beaux quartiers, comme si elle les avait pris après une bataille. C'était la même tourbe et la même écume et, là aussi, les filles fourmillaient, insolentes et provocantes. Elles grouillaient par troupes au coin des rues, vous interpellaient en chœur avec leurs voix éraillées et, quelques années plus tard, un Père jésuite de la rue de Sèvres, — l'un de mes anciens surveillants de Vaugirard, — me racontait une extraordinaire aventure qui lui était arrivée dans ces premières journées de la Commune, aux environs mêmes de son couvent. Depuis le triomphe de l'insurrection, les Pères avaient la prudence de ne sortir qu'en habits laïques, et le P. S... rentrait un soir à la Maison-Mère quand, au coin de la rue du Bac, il était entouré par toute une nuée de promeneuses en folie qui s'acharnaient après lui. Ne sachant comment échapper à leur bande qui refusait de lui livrer passage, et se trouvant sous la lueur d'un bec de gaz où elles le dévisageaient en l'assaillant de leurs appels et de leurs plaisanteries, il se jeta brusquement en pleine lumière, ôta son chapeau, baissa la tête et leur montra sa tonsure... Un cri d'horreur lui répondit, mais l'effet du geste avait été foudroyant. En quelques secondes, elles avaient toutes disparu.

— Eh ! bien, me demandait mon ami aussi consterné que moi par l'aspect des Boulevards, quand repars-tu ?

Et il me répétait encore, très inquiet :

— Oui, pourvu que tu puisses t'en retourner !... Et tu es en uniforme !... Que feras-tu, si on t'empêche de repartir ?...

Mais il y a des périodes de bouleversement où toutes les fuites comme tous les drames sont possibles, et je repartis sans incident par la porte du Point-du-Jour, où il n'y avait même pas de sentinelle... Le soir, j'étais de retour au camp, et j'arrivais même avant l'appel...

III

Deux mois plus tard, je repassais par cette porte du Point-du-Jour, mais avec le régiment, et pour reprendre Paris. Les hauteurs de Passy et du Trocadéro, où s'est élevé depuis tout un quartier, n'étaient alors que des buttes escarpées et nues, d'où la moindre artillerie aurait pu nous balayer. Mais la Commune les avait évacuées, et nous ne trouvions de résistance qu'à la place de la Concorde, où la bataille était acharnée. Elle se prolongeait même dans la soirée, et la nuit devait me laisser un souvenir sinistre.

Fatigués par cette journée de marche et de combats, nous cherchions comment nous reposer. Les uns s'étaient couchés sur les terre-pleins de la place, d'autres sur les trottoirs ou sous les portes-cochères de la rue de Rivoli et de la rue Saint-Florentin, à la croisée desquelles restait dressée une barricade formidable. J'entrai, pour essayer de m'y coucher, dans une cour de la rue Royale, au fond de laquelle était une écurie. Les dormeurs, seulement, encombraient déjà la cour, et je me glissai entre eux jusqu'à l'écurie, où je butais aussi contre des corps qui ne bougeaient pas. Agacé de ne pas trouver un coin où me placer, et ne distinguant rien dans l'obscurité, je finis par allumer ma lanterne de poche, mais je manquai alors défaillir. Ce n'étaient plus des dormeurs que je voyais à mes pieds, mais des cadavres. C'étaient des morts que je dérangeais de leur sommeil en cherchant moi-même où dormir !

La terrible semaine commençait, et nous allions avoir à nous emparer quartier par quartier, ou même maison par maison, d'un Paris au pouvoir d'une insurrection exaspérée ! Décidée à tout pour se défendre ou se venger, aux aspersions de pétrole, aux empoisonnements, aux assassinats, aux incendies, aux massacres, elle ne reculait devant aucune horreur et, depuis déjà six ou sept jours, nous prenions avec les plus grandes peines barricades sur barricades, obligés quelquefois, lorsque la mitraille en pleuvait trop drue, de cheminer jusqu'à elles par l'intérieur des maisons, en passant par les cours et en démolissant les murs, quand on assigna un soir à la compagnie une berge de l'Ile Saint-Louis pour y passer la nuit. L'endroit était déjà occupé en partie par d'autres troupes, nous y formions les faisceaux, et j'entendrai toute ma vie l'épouvantable explosion qui faisait à un moment comme s'entr'ouvrir le sol. Tout nous semblait s'abîmer dans un gouffre où nous pensions nous-mêmes disparaître. C'était l'Hôtel de Ville qui sautait, et n'était plus bientôt qu'un brasier. Des morceaux de murailles et de statues, de poutres, de colonnettes, étaient en même temps projetés en l'air comme des fusées monstrueuses, et retombaient avec fracas dans la Seine et sur le quartier. Les flammes montaient dans le ciel à des hauteurs fantastiques, et les maisons, les quais, les monuments, les tours de Notre-Dame, les forêts de cheminées sur l'infini des toits, tout s'illuminait aux reflets de l'incendie jusqu'aux extrémités de l'horizon. Sur la rive d'où nous assistions à la catastrophe, on y voyait comme à la clarté du soleil, nous y lisions comme en plein jour les numéros de nos régiments sur les boutons de nos capotes, et la Seine, toute embrasée elle-même, toute rouge et toute en flammes, fuyait et bouillonnait comme un fleuve de feu et de sang !

De tous les cauchemars de cette semaine infernale, le plus affreux devait être le massacre des otages, où Mgr Darboy, l'archevêque de Paris, et le P. Olivaint, le supérieur des Jésuites de la rue de Sèvres, devaient périr à quelques heures de distance, et certains souvenirs de collège, déjà difficiles à oublier par eux-mêmes, revivaient tragiquement pour moi à la nouvelle de ce double martyre.

Le P. Olivaint avait été mon recteur à Vaugirard, et pas un de nous ne pouvait avoir perdu la mémoire d'une certaine visite faite par Mgr Darboy à la chapelle du collège, où nous étions réunis pour une conférence, et où il n'était pas attendu. Brusquement, la porte d'entrée du fond de la chapelle s'ouvrait à deux battants, tout le monde se retournait, et on voyait l'Archevêque, accompagné d'un vicaire général, s'avancer vers le chœur, où le P. Olivaint se précipitait pour le recevoir. Comment n'avait-on pas été prévenu de cette visite ? Qu'y avait-il sous cette surprise, et qu'allait-il se passer ? L'Archevêque traçait à son entrée une large bénédiction, et le P. Olivaint s'inclinait profondément. Puis, un échange d'allocutions, dont le ton nous surprenait, avait lieu entre eux. On y sentait comme un conflit, et il y en avait bien un. Un froissement s'était produit entre l'Archevêché et la Communauté, et c'était ce dont témoignaient cette visite inattendue, les répliques de l'Archevêque, celles du Recteur, et l'émotion réciproque avec laquelle ils se répondaient sous les formes les plus religieusement courtoises, mais où l'on n'en devinait pas moins des attaques et des ripostes. Tout se terminait cependant avec charité, une bénédiction avait ouvert la rencontre, une autre l'avait close et, quelques années plus tard, ils tombaient tous les deux dans le même carnage et communiaient dans le même sang !

Ah ! le P. Olivaint ! Il était toujours resté une des vénérations de mon enfance et, si ce n'est dans certaines vieilles estampes représentant des saints des époques lointaines, je ne crois pas avoir jamais revu une physionomie comparable à la sienne pour le mystère et la sérénité d'âme qui s'en dégageaient. D'aspect physiquement sévère, avec des yeux sans regard et comme invisibles sous de profondes arcades sourcilières dans un visage ascétique, aucune figure n'exprimait cependant une bonté aussi rayonnante.

— Ce n'est rien, disait-il doucement à ma mère qui avait souvent à se plaindre de mes écarts d'écolier.

Et, me touchant la joue d'une main qui me pardonnait, me regardant avec ses yeux absents où se sentait quand même une mystérieuse et charitable acuité, il ajoutait avec un sourire dont l'indulgence avait plus de force que toutes les sévérités :

— Non, non, ce n'est rien... Allons, nous nous corrigerons...

Plus de vingt ans après les atrocités où la Commune devait mettre son testament, la vision continuait encore à m'en poursuivre, et je rencontrais alors quelquefois dans les journaux où je collaborais, des confrères qui avaient pris part dans leur jeunesse au mouvement insurrectionnel et en connaissaient certains dessous. Ils avaient été témoins de l'exécution des otages, et ce qu'ils en racontaient confirmait tout ce que j'en avais jadis entendu dire. L'héroïsme des prêtres devant la mort leur avait laissé une impression qui ne s'était pas effacée, pas plus qu'ils ne pouvaient oublier les abominations qui avaient accompagné le massacre. Les cadavres des martyrs n'avaient même pas été respectés, et d'effroyables mégères s'y étaient livrées à des férocités immondes. Tout s'était déchaîné de ce que la Révolution nous avait déjà autrefois montré de plus ignoble.

L'un des meneurs de la tragique orgie avait été un nommé Da Costa, un jeune monstre de l'équipe de Raoul Rigault et dont le père, quelques mois encore auparavant, était répétiteur chez les Jésuites de la rue des Postes, où il passait d'ailleurs auprès des élèves pour être secrètement révolutionnaire. Nous avions de même, à Vaugirard, certains professeurs de musique passant également pour des esprits avancés, et qui excitaient par là notre curiosité. Un maître qui n'était pas en soutane, et réputé libre-penseur, avait pour nous comme un ragoût, et le nom de

« Monsieur Da Costa », uniquement à ce titre, nous était arrivé de la rue des Postes. On se le chuchotait à l'oreille en s'en amusant, et mon maître de piano, un pianiste russe, m'avait demandé un jour, pendant ma leçon, en baissant la voix :

— Avez-vous entendu parler de M. Da Costa ?

— De M. Da Costa de la rue des Postes ?

— Oui, de lui.

Et, me voyant sourire, souriant lui-même, puis plaquant d'un grand geste sur le piano un accord retentissant, comme pour m'en apprendre la manière et donner ainsi le change à l'indiscret qui aurait pu nous observer par la vitre de la porte, il me glissait de l'autre main une petite brochure alors en vogue, *Le Christ au Vatican*, un pamphlet en vers violemment anti-religieux et faussement attribué à Victor Hugo.

Quel cri j'avais poussé, quelques années après, à la reprise de Paris sur l'insurrection, lorsque le nom de Da Costa m'était venu à l'oreille comme celui de l'un des bourreaux du P. Olivaint, et quelle stupeur avait été la mienne en apprenant qu'il était le fils du Da Costa de la rue des Postes, on le devine ! Mais je ne savais pas encore tout, et je devais, notamment, n'apprendre que longtemps plus tard un certain épilogue dont le martyre des Pères et des autres victimes avait été suivi.

A la fin d'un après-midi de la semaine sanglante, au plus fort de la bataille, pendant que les troupes s'emparaient des barricades, quelques-uns

de ces bohèmes politiques qui vivent d'émeutes
et d'absinthes, attendaient et commentaient les
événements dans un café du Quartier latin, dont
le jeune Da Costa était lui-même un habitué,
lorsque celui-ci entrait l'air triomphant, en brandissant une barrette de prêtre. Il la rapportait du
massacre, la montrait à un tout jeune homme
auquel il envoyait en même temps un bonjour de
camarade, et qui assistait dans un coin à la réunion, puis lui disait en la lui jetant :

— Tiens, j'ai pensé à toi !

Dans quel sang l'avait-il ramassée ? Dans le
sang même des religieux de la rue des Postes et
de la rue de Sèvres, et en massacrant les prêtres,
en faisant violer leurs cadavres, le fils n'avait
guère fait que continuer les répétitions du père,
qui les donnait cependant à l'ombre du crucifix !

Mais qui pouvait bien être le tout jeune homme
qui écoutait dans son coin discuter et pronosti-
quer sur la déroute de l'insurrection, pendant que
crépitait au loin la fusillade ? C'était un jeune
dessinateur, qui devait me raconter un jour avec
horreur l'épouvantable souvenir. Il était alors à
peine encore à ses débuts mais obligé par la nécessité de tirer déjà parti de son crayon, et devait
plus tard monter très haut dans la célébrité, où
son talent ne devait pas d'ailleurs servir la Révolution, sans doute parce qu'il l'avait vue de près...
C'était Forain.

CHAPITRE II

AU SORTIR DU SANG

I

Un an et quelques mois après la guerre, j'allais
passer mes vacances en Bourgogne, dans mon
pays, dont les souvenirs m'étaient encore plus
chers après ces terribles temps, et j'arrivais
d'abord chez une tante et des cousins de la Côte-
d'Or, à La Canche, aux environs de Beaune et de
Pomard.

Quelques années auparavant, nous venions
déjà ainsi, ma mère et moi, chez mon oncle et
ma tante Ferdinand Coste-Caumartin, et les impressions d'enfance que j'en avais conservées
étaient restées pour moi un enchantement. Perdue au fond d'une région de bois et d'étangs,
la maison, grande et belle, blanche, entourée
d'eaux et de forêts, me représentait une demeure
de conte de fées. La chasse et la pêche, une table
plantureuse, des parties de whist et de boston,

de continuelles et joyeuses réunions de famille y constituaient à peu près toute l'existence. Tout vieux et tout impotent qu'il était, l'oncle Ferdinand n'en continuait pas moins à chasser, mais dans une voiture tout exprès construite à cet effet, où son vieux domestique, le fidèle André, qu'on appelait « le Dré », l'installait avec son fusil dans un fauteuil. Les bons repas, les réceptions sans façon et les parties en forêt n'en finissaient plus. Le brave Dré, lorsqu'il était libre, m'emmenait en barque avec lui chasser les poules d'eau et les canards sauvages sur les étangs, et le dimanche, régulièrement, le curé arrivait en charrette à âne dire la messe à la chapelle du hameau. Bonhomme, de belle humeur, un peu asthmatique, mais en verve, il déjeunait ensuite avec nous, et il me semble toujours l'entendre, à un déjeuner, dire paternellement, après le *Benedicite*, à l'oreille d'une de mes cousines qui était décolletée :

— Cachez-moi donc toutes ces petites bêtises-là !...

On comprend le charme de ces séjours à La Canche pour un enfant. Les circonstances les avaient empêchés plusieurs étés de suite, mais l'impression ne s'en était pas effacée en moi. Je revoyais toujours les accueils pleins d'effusion, les abondants et grands repas de famille, les belles parties de forêt, les chasses, les pêches, et les réunions pleines de gaîté.

— Enfin, me dit ma tante qui m'attendait comme autrefois sur le perron de la maison, mais dont le ton n'avait plus la même bonne humeur, te voilà ?...

Elle était en deuil de mon oncle mort depuis six mois, et elle ajoutait en ouvrant les bras :

— D'abord, embrasse-moi... Combien y a-t-il de siècles que je ne t'ai vu ?... Ah ! mon pauvre enfant, depuis que ton oncle n'est plus là, la maison n'est plus la même... Tu verras... Allons, viens... Tu dois avoir besoin de te refaire. Tu as dû déjeuner à Beaune, mais il y a déjà un moment. Voilà quatre heures... Et puis ça creuse, la voiture... Allons, arrive, on va te servir quelque chose... Dré ?

— Madame ?

— Mets tout de suite un couvert pour M. Maurice...

Du vivant de mon oncle, il y avait à chaque repas, tant cousins qu'amis ou voisins, une douzaine de personnes à table, mais nous n'étions, ce soir-là, dans la grande salle à manger, que ma tante et moi à dîner.

La table, malgré cela, était cependant toujours plantureuse, et servie comme si nous étions une douzaine. Des entrées, des hors-d'œuvre, un gros rôti qui était, je le vois encore, un beau quartier de sanglier, des rangées de verres pour y goûter et y comparer les vins, enfin une abondance qui aurait eu, dans toute autre maison, quelque chose de surprenant !

— Tu vois, me disait ma tante, nous ne sommes que deux, mais nous avons de quoi manger...J'avais d'abord pensé, quand ton pauvre oncle m'a quittée, à réduire ma table, mais j'y ai renoncé en y réfléchissant. J'ai de braves et vieux domestiques, habitués à la bonne chère. Qui sait ? Tout braves gens qu'ils sont, on n'aurait peut-être pas été content d'un changement à la cuisine. Alors, tous les soirs, même quand je suis seule, il y en a toujours comme pour des invités... Sois tranquille, ça n'est pas perdu !

Nous avions beau n'être qu'en tête-à-tête, je retrouvais bien toujours, en effet, l'abondant et savoureux La Canche. Tout en revivait pour moi, les choses, les gens, les figures, les conversations, jusqu'à certaines histoires et certaines plaisanteries, et notamment ce que je me rappelais avoir entendu raconter sur deux grandes notabilités du pays dont on était fier, mais dont on ne se privait cependant pas de rire, madame Monge, la veuve même du grand Monge de la Révolution et de l'Empire, et un de ses parents, le général Marey-Monge, le glorieux compagnon de guerre du maréchal Bugeaud et du duc d'Aumale. On ne cessait autrefois de parler d'eux dans la maison, et je demandais à ma tante :

— Et madame Monge ? Est-ce qu'elle vit toujours ?

— Mais non... Elle est morte... Où as-tu la tête ?... Elle a vécu très vieille, mais elle a quand même fini par partir.

— La dernière fois que nous sommes venus, on ne parlait que d'elle.

— Ah ! pour ça, je n'ai pas de peine a le croire... On en parle même encore !

— Mais pourquoi en parlait-on autant ?

— D'abord parce qu'elle était madame Monge, et ça pouvait déjà suffire... Et puis, elle n'était pas comme tout le monde. Quand elle avait peut-être plus de quatre-vingt-dix ans, ou n'était pas loin de les avoir, on ne lui en aurait pas donné soixante-dix. Elle avait une de ces santés !... On ne connaissait pas la pareille et, avec ça, le plus bel appétit de l'arrondissement. On n'a pas idée de ce qu'était sa table. La nôtre n'était rien à côté de la sienne... Et ce n'était pas tout !... Elle passait sa journée à jouer au whist. Ah ! son whist. Elle ne pouvait pas le quitter. Du matin au soir, il lui fallait quelqu'un pour lui tenir tête, ou pour faire « le mort ». Tantôt c'était le no-taire, tantôt le sous-préfet, tantôt le maire, tantôt bien d'autres. Mais, le plus souvent, c'était le curé. Trois fois sur quatre, on le retrouvait avec elle... Et puis, il y avait une histoire, et une his-toire qui n'était pas ordinaire, et qu'elle vous ra-contait toujours au même moment de la partie. A l'époque où elle était jeune, quand Monge était ministre de la Marine sous la Révolution, et ça n'était pas d'hier, elle avait assisté, des fenêtres du ministère, à l'exécution de Louis XVI, et elle recommençait toujours à la raconter en battant les cartes... Depuis le temps que le curé faisait sa partie, il devait bien l'avoir entendue deux ou trois centaines de fois... D'ailleurs, c'était la meilleure des femmes. Elle faisait beaucoup de bien, et on l'aimait beaucoup... Ah ! on l'a bien regrettée, la mère Monge, et on la regrette bien encore... Seulement, voilà... Elle mangeait trop et, avec toute sa santé, elle est morte d'une indigestion...

— Et le général Marey-Monge ?... Il ne doit pas être mort, lui ?

— Mais si, mon pauvre ami, mais si, mais tout ça est mort !... D'où sors-tu ?... Ah ! on l'aimait bien aussi, celui-là, et on ne l'a pas oublié non plus... Lui, seulement, il avait la manie des inventions...

— La manie des inventions ?

— Mais oui, des inventions militaires, des inventions pour les soldats... Il inventait de nouveaux sacs plus faciles à emporter en campagne, des uniformes plus commodes à enfiler, des tuniques et des pantalons plus pratiques... Est-ce que je sais ?... Il avait même imaginé, — au moins à ce qu'on racontait, mais je crois bien que c'était pour en rire, — il avait même imaginé d'habituer les troupiers à ne plus manger autant, et il faisait ici pour ça des expériences sur les ânes. On disait qu'il les nourrissait toujours un peu moins, pour les habituer, à la longue, à n'avoir presque plus besoin de rien. Il pensait que, s'il réussissait, il pourrait en être de même pour les hommes, et que ça simplifierait les opérations de guerre... Seulement, les ânes sur lesquels il opérait finissaient toujours par crever, quand ils commençaient à s'habituer !... Il y en avait bien eu un, le fameux âne de la mère Rose, qui avait paru résister, et si bien, toujours d'après ce qui se disait, que les gens commençaient sérieusement à croire qu'il allait pouvoir ne plus manger du tout... Et puis, un jour, bien entendu, crevé aussi comme les autres... Ah ! l'âne de la mère Rose... En a-t-on assez parlé.

Vingt ans plus tard, je repensais encore quelquefois à cette bonne maison de La Canche et à ma bonne tante Ferdinand, à ce bon et beau pays de Beaune qui était bien vraiment le dernier où il aurait dû être permis de songer à faire vivre les gens ou même les ânes de l'air du temps, à la légendaire madame Monge, au glorieux général et à l'âne de la mère Rose, quand paraissaient un jour dans *la Revue Hebdomadaire*, que dirigeait alors un excellent poète, mon ami Félix Jeantet, les *Souvenirs* du général du Barrail... Et j'y retrouvais... qui ?... Le brave général Marey-Monge, mais en pleine activité et en pleine gloire, succédant au duc d'Aumale dans le commandement d'une partie de nos troupes africaines, déjà absorbé par le souci des inventions militaires, notamment par celle d'un nouveau sabre qui devait remplacer celui de l'époque, et s'occupant déjà aussi d'expériences sur les animaux, mais sur les lions et les lynx. On ne pouvait pas entrer chez lui sans buter sur des lions couchés par terre, où les pieds s'enfonçaient comme dans des paquets de tapis, mais qui se contentaient de grogner sans vous faire de mal. Les lynx, en revanche, étaient moins accommodants et ne vous apercevaient pas sans vous sauter dessus, surtout si vous étiez une dame. Même à la longue, ils ne pouvaient pas plus s'habituer à ne pas vouloir vous dévorer que les ânes à vivre sans manger.

Comme dans mon enfance, j'emportais de ce nouveau séjour chez ma tante le plus heureux des souvenirs. En raison du deuil, les voisins et les amis ne venaient plus déjeuner et dîner comme autrefois, mais les cousins venaient toujours, bons, pleins d'entrain, et de loin en loin, dans les conversations, on reparlait encore de madame Monge et du général. On causait aussi à l'occasion un peu de politique, mais sans y mettre de sérieux, et c'était à qui rirait de mes idées républicaines. Lorsqu'elle me les entendait soutenir, ma tante me disait simplement avec un haussement d'épaules, en me regardant par-dessus ses lunettes :

— Ah ! mon pauvre ami !...

Dans cette grande maison entourée de forêts et d'étangs, l'usage, même au plus chaud de la belle saison, avait toujours été de faire un peu de feu. Si faible ou mourant qu'il fût, si radieuse que fût la journée, on le voyait toujours luire et jeter ses petites étincelles, au fond du spacieux salon. On appelait cela « un petit luseau », et ce « petit luseau » me semblait un charmant et souriant symbole, celui de l'hospitalité toujours ouverte et de l'affection toujours gaie.

J'allais cependant bientôt rejoindre mon père et ma mère, pour le reste des vacances, dans un petit hameau du canton de Cluny, à Sirot, chez un autre frère de mon père, mon oncle Théodore, condamné par ses infirmités à la solitude de son vieux château. Avant la guerre, nous passions souvent ainsi la saison chez lui, et je me faisais toujours aussi une fête d'y revenir, mais je pouvais en même temps, cette année-là, compter sur un voisinage particulièrement fait pour me tenter.

J'avais récemment fait la connaissance d'un député du département, M. Henri de Lacretelle, un aimable et distingué lettré dont le fils, Amaury, n'était que d'un an ou deux plus jeune que moi. Hardiment entré dans le mouvement démocratique de l'époque, M. Henri de Lacretelle, dont le père, l'historien Charles de Lacretelle, était mort doyen de l'Académie Française, s'était rallié à la République, et la perspective de trouver un milieu où non seulement j'aurais un ami de mon âge, mais avec lequel je serais en communauté d'idées, avait pour moi un double charme. Et puis, les Lacretelle habitaient un château auquel se rattachaient des souvenirs qui relevaient de la plus lointaine et de la plus glorieuse chronique. Légende ou réalité, le château de Cormatin passait pour avoir été l'une des demeures de Gabrielle d'Estrées, et des fresques datant du xvie siècle y décoraient une très belle galerie d'honneur. Étaient-elles du Titien, comme on le disait, et le grand peintre vénitien était-il bien vraiment venu en Bourgogne ? On aimait à le croire. Plus tard, au xviiie siècle, Cormatin avait appartenu à l'érudit et galant président de Brosses, et Lamartine, très lié avec Charles de Lacretelle, y avait fait de fréquents séjours. On y montrait les chambres où il avait logé, et où il travaillait dans son lit, toujours entouré de ses chiens, et jetant autour de lui les feuillets couverts de son écriture.

Dès mon arrivée à Sirot, ma première visite était pour Amaury de Lacretelle. Il était charmant, cordial, très cultivé, et aussi enchanté de me revoir, malgré le peu de relations que nous avions eues jusque-là, que je l'étais moi-même de le retrouver. Quinze jours ne s'étaient pas écoulés que nous nous étions fait réciproquement visites sur visites, et qu'une véritable intimité s'établissait entre nous. Je passais des journées entières à Cormatin, séduit par la société qu'on y rencontrait, souvent retenu le soir par l'amabilité des maîtres de la maison, et ne couchant jamais sans un certain trouble dans une de ces vastes chambres que le grand et mélodieux poète du *Lac* avait semées de feuillets où chantait son inspiration.

En me rappelant aujourd'hui combien me captiva cette attrayante société de Cormatin, dans ce décor quasi-seigneurial d'un château qui avait une légende, il me semble y reconnaître quelque chose de ce que durent être certains milieux du xviiie siècle. On y trouvait, avec un goût dangereux, mais aimable, pour une émancipation sociale et intellectuelle plutôt hardie, le dernier mot du bon ton et de la meilleure compagnie. Le dimanche, pendant que les dames revenaient religieusement de la messe, leur paroissien à la main, par la grande allée du parc qui conduisait du pont-levis à l'entrée du château, les hommes discutaient sous les ombrages les théories les plus subversives et quelquefois les plus folles, sans les admettre dans leur totalité, ou même en s'en moquant, mais sans toujours non plus les repousser tout à fait. A table et au salon, devant ces dames et leurs filles, tout ce qui aurait pu blesser leurs croyances religieuses était soigneusement évité, mais il en allait tout autrement lorsque ces messieurs se retrouvaient entre eux. Il en était là des idées comme de l'habitude de fumer. Les opinions les plus avancées étaient permises, mais comme des opinions de fumoir. On ne les avait pas devant tout le monde, mais on les avait. On ne fumait pas au salon, mais on fumait dans le parc et dans le cabinet du châtelain. Je conserve toujours le souvenir d'un vieux monsieur, le plus parfait homme du monde et la distinction en personne, racontant sur Barbès, dont il se déclarait pieusement l'ancien disciple, un fait dont il avait été le témoin. Barbès, au moment d'une émeute, appelait brusquement un des jeunes gens réunis par lui pour y prendre part, et lui disait à l'oreille :

— Va-t'en... Ta mère est âgée et infirme. Elle n'a que toi et, si elle ne t'avait plus, elle n'aurait plus personne... Je t'ordonne de t'en aller... Tu n'as pas le droit de te faire tuer !

Je recevais un jour une lettre d'Amaury m'invitant à venir passer une soirée, et où il ajoutait : « Viens vite. Gustave Nadaud est là, mais pour peu de temps. Ne le manque pas. »

Gustave Nadaud avait été le grand chansonnier de l'Empire, se trouvait toujours très à la mode et était un des plus vieux amis de Cormatin. Pour rien au monde je n'aurais voulu le manquer, et je trouvais un homme dépassant de peu la cinquantaine, de belle humeur, l'air solide, la barbe grisonnante, dans un de ces complets gris qu'on appelait alors des « marchands de cendre », et ne demandant qu'à se mettre au piano pour nous régaler de son répertoire. Il l'interprétait avec une finesse et un art à lui, et détaillait notamment *les Deux Gendarmes* avec une verve et des nuances d'une saveur particulière. Nous n'étions, d'ailleurs, qu'un très petit auditoire. M. et madame de Lacretelle, leur fille encore enfant, Amaury, deux ou trois dames aimables, quelques amis, et c'était tout. On ne se séparait qu'à minuit, et Nadaud montait se coucher dans une chambre où Lamartine avait jadis fait des vers, pendant qu'on me conduisait dans une autre, où il en avait fait aussi. Personne, ce soir-là, n'avait soufflé le moindre mot de politique. Il faisait une nuit superbe, les fenêtres étaient ouvertes, les chansons s'envolaient aux étoiles, un léger bruit de feuillage montait du parc, et l'ombre de Gabrielle d'Estrées s'y promenait peut-être à la lune, étonnée d'entendre le fameux refrain : *Brigadier, vous avez raison,* lui arriver à travers les arbres. C'était charmant !

Un autre ami du château, voisin d'Henri de Lacretelle, et qui devait aussi devenir député, était Margue. On ne parle plus de lui depuis longtemps, et il eut cependant une heure de la plus extraordinaire célébrité, mais d'une célébrité spéciale, et plutôt burlesque, tout en en méritant une autre. Avocat à la Cour de Mâcon, et lancé à fond dans la politique avancée, il avait les plus belles qualités d'orateur. Personne ne soulevait comme lui l'enthousiasme d'un auditoire. Je l'avais entendu à Genève, à un congrès, et sa fougue, sa puissance, la fascination qu'il exerçait sur la foule faisaient penser à un petit Mirabeau. Après son élection à la Chambre, lorsqu'il était monté pour la première fois à la tribune, précédé comme il l'était d'une véritable gloire régionale, tous ses amis s'attendaient à une apothéose, mais éprouvaient une amère déception... L'émotion que lui inspirait le Parlement l'étranglait-elle ? Etait-ce, comme on l'a remarqué souvent, que l'éloquence parlementaire est une éloquence à part, avec laquelle celles du barreau ou des meetings n'ont aucun rapport ? Il ne fallait pas sans doute chercher d'autre raison à la froideur avec laquelle il était écouté, et l'indifférence paraissait même de plus en plus s'accentuer à son égard, lorsque se produisit l'incroyable aventure qui devait rester pendant des mois la fable du Palais-Bourbon. Et quelle fable !

Un soir, les journaux annonçaient qu'un scandale sans précédent avait eu lieu à la Chambre. M. Margue, disaient les nouvelles de la dernière heure, avait tranquillement lancé ' mot de

Cambronne au cours d'un débat, à titre d'interruption. Dans toute la presse, ce fut alors un déchaînement de lazzis qui n'en finissaient plus. Échos, chansons, nouvelles à la main, légendes, caricatures ne faisaient plus que rappeler l'incident, et le mot historique en avait même disparu d'un certain vocabulaire populaire pour y être remplacé par le simple mot de Margue, comme plus commode à imprimer, et permettant de ne pas s'en tenir à l'initiale ! Les gamins le crayonnaient dans les rues sur les palissades, et les journaux du monde entier s'en amusaient. Un an après l'affaire, on y faisait encore allusion, mais pour ne plus jamais reparler du malheureux Margue lui-même comme homme politique et comme orateur.

Margue avait-il dit le mot ?... Je n'ai jamais pu le croire. Il était vif et irritable, il avait le cri de la situation, la repartie cavalière, mais il était bien élevé, incapable d'une grossièreté. Comment aurait-il pu commettre celle-là ou comment avait-on pu la lui prêter ? Etait-il devenu subitement fou, ou des envieux et des jaloux n'avaient-ils pas plutôt voulu se débarrasser d'un collègue dont le talent leur aurait porté ombrage ? Il était honnête homme, et n'aime-t-on pas aussi quelquefois à supprimer les honnêtes gens ?

Tout en me posant ces questions, au moment où éclata le grotesque scandale, je revoyais le Margue si plein de promesses et si rayonnant d'avenir que j'avais connu, le Margue de Cor-

matin. Avec sa verve, son esprit, sa maîtrise, il
était l'un des attraits de l'aristocratique autant
que démocratique société du château. Jeune,
l'œil aigu, la figure mobile et légèrement tour-
mentée, rasée à la façon des acteurs comme pour
se moquer des vieilles barbes et annoncer leur
disparition, il avait on ne sait quoi d'impérieux
et de chaleureux, tout en sachant être aimable.
Il était le beau-frère d'un critique dramatique et
d'un conférencier alors en vogue, Henri de La-
pommeraye, lui aussi l'un des amis de la maison,
où il faisait circuler un air parisien par les échos
qu'il apportait du boulevard, des bureaux de rédaction et des coulisses des théâtres. D'autres
Parisiens, des hommes politiques, des auteurs,
des artistes, venaient également en visite. Une
femme d'esprit, et d'un talent de pianiste qui en-
chantait nos soirées, la comtesse d'Alton-Shée,
veuve de l'ancien pair de France converti à la
Révolution, et belle-sœur de madame Jaubert, la
célèbre et spirituelle marraine d'Alfred de Musset, passait aussi la saison au château... Comment
le plaisir et la curiosité que j'éprouvais à rencontrer tous ces hôtes auraient-ils pu ne pas gri-
ser ma jeunesse ?

— Eh ! bien, me demandait-on à Sirot lorsque
je revenais de Cormatin, es-tu toujours content
de tes visites?... Nadaud était-il là?... Et Margue?
As-tu encore couché dans la chambre de Lamartine ?

Un jour, mon oncle me disait, à l'un de mes
retours :

— Tiens, à propos de Lamartine, nous allons en entendre parler demain... M. Gormand, que tu connais, vient déjeuner... Mais, ajoutait-il en riant, sais-tu qui il amène avec lui?... M. Thiers ! Pendant toutes ces vacances, décidément, tu ne seras pas sorti des célébrités.

Mon père et ma mère riaient aussi, et je riais comme eux, car je savais, sans l'avoir vu, qui était ce M. Thiers annoncé pour le lendemain. C'était un gros marchand de vin du pays, dont on ne prononçait jamais le nom sans plaisanter, et M. Gormand était un vieil expert agricole et viticole. Il avait longtemps géré les biens de Lamartine, en reparlait toujours, et gardait pour lui un culte. Les vendanges approchaient, il venait voir la récolte avec le gros marchand de vin, et le lendemain, au déjeuner, ne manquait pas, en effet, de mettre la conversation sur Lamartine. Il ne prononçait son nom qu'avec religion, mais sans pouvoir cependant s'empêcher de rire, bien que toujours avec respect, lorsqu'il racontait comment le grand homme comprenait les affaires de l'agriculture. Quant à M. Thiers, il était impossible de ne pas rester stupéfait devant le colosse qu'il était, la longueur de ses favoris, celle de sa blouse et l'éclat de ses bottes, en songeant à l'illustre petit homme dont il était l'homonyme. Il parlait savoureusement, mangeait énormément, buvait encore plus, absorbait sans se troubler trois ou quatre bouteilles de vin blanc, et disait en s'essuyant la bouche, quand on lui apportait la cinquième :

— Non, non, merci... Ah ! ce petit vin blanc-là, je le connais... C'est un ami... Mais je n'en bois jamais beaucoup... Il me tape sur le coco !

Et il n'en vidait pas moins la cinquième bouteille.

Après le déjeuner, il allait faire le tour d'un pré d'où l'on apercevait les coteaux couverts de vignes, s'arrêtait, redressait sa haute taille, effilait ses interminables favoris, tapait sur ses bottes avec sa badine, paraissait faire un calcul, puis revenait dire à mon oncle :

— Allons, Monsieur Coste, allons, la récolte va être belle... Ah ! vous êtes ici dans un fameux coin... Vous êtes dans le rognon du veau !

Quelque temps après, nous nous préparions à repartir pour Paris, et j'allais faire mes adieux à Cormatin où je trouvais les Lacretelle en train de préparer eux-mêmes leur départ.

— Alors, me disait Amaury, nous allons nous revoir à Paris... Je t'y présenterai à madame de Pierreclos.

— La nièce de Lamartine ?

— Oui, la nièce de Lamartine... Je t'en ai déjà parlé... Nous irons lui faire une visite dans son petit salon de la rue de Lille... Elle a beaucoup vécu avec son oncle dans les derniers temps de sa vie, et elle est très intéressante... Elle est extraordinaire d'originalité... Mais tu la verras... Tu ne regretteras pas ta visite...

II

Comment la comtesse Alix de Pierreclos, depuis bientôt un demi-siècle qu'elle est morte, n'a-t-elle pas alimenté de son souvenir les chroniques et les mémoires ? Comment ses lettres, qui sont à la fois le dernier mot de la sentimentalité et de la saveur, n'ont-elles jamais été publiées ? Tous ceux qui l'ont connue se le sont toujours demandé.

Si vous saviez, — écrivait-elle à une amie [1] à la mort d'Edgar Quinet que la sienne ne devait pas tarder à suivre, — si vous saviez comme cette mort, qui me laisse avec un remord maintenant irréparable, me fait souffrir ! Il était très lié avec M. de Pierreclos qui, beaucoup plus jeune que lui, s'était épris de son *Ahasvérus*. Quel beau temps pour l'enthousiasme ! Nous étions alors plus ou moins fous et, pour ma part, j'étais ivre de poésie, une bacchante de l'idéal, une sibylle, jusqu'à mon mariage... Alors, hélas ! j'ai dû descendre de ces empyrées pour disputer à la mort un être adorable, adoré. Je n'ai plus été qu'une pauvre femme au pied de la Croix. Ensuite, je me suis ensevelie des années dans mes regrets et ma douleur. Je n'ai plus revu Quinet qui s'était marié et ne revenait plus dans notre voisinage. Je lisais religieusement tout ce qui paraissait de lui. Un jour, un de ses livres a réveillé les échos endormis, fait

1. Madame Edmond Adam.

vibrer toutes les fibres de ma jeunesse. Sous cette impression, je lui ai écrit. Il m'a tout de suite répondu par un hymne de reconnaissance, d'effusion, de bénédiction. Il était alors en exil, et je lui avais rendu la patrie, le printemps, je lui avais fait revivre ses plus beaux jours ! Il n'avait rien oublié. Je lui ai récrit trois ou quatre fois, puis j'ai cessé la correspondance après avoir promis ma visite, soit à Veytaux, soit à Paris, si nous étions délivrés de l'Empire... Il est rentré en France. Refroidie, éteinte, tout en me le reprochant, en me promettant de réparer cette omission, je n'y suis jamais allée, et maintenant je le regrette amèrement, sans avoir le courage d'écrire à sa femme !

Michelet, Quinet, tout ce que j'ai admiré, aimé, tous morts, toute cette pléiade dont j'ai vu mon oncle entouré !

Savez-vous qu'il est minuit, l'heure du crime ? Et je suis encore à bavarder comme une vieille pie borgne...

> Mais pourquoi revenir sur ces scènes passées ?
> Laissons le vent gémir et le flot murmurer...

Dans une autre lettre, elle exprime ses transes au sujet d'une grave maladie de son gendre, M. de Parceval, et la termine également par une plaisanterie :

Si ce n'était cette torture, j'aimerais cette douce vie de retraite et de solitude, jusqu'à cette bise qui sanglote dans ma cheminée, et qui m'est un prétexte, ainsi que la névralgie, à me confiner au coin de mon feu. Depuis bien des jours, je n'ai pas franchi la grille du parc, je fais quelques pas dans les allées les mieux abritées, les plus parfumées de violettes. C'est leur patrie que ce pauvre Belair, où tout s'ouvre, s'épanouit, renaît, revit, excepté, hélas ! son maître. La mort ne se comprend pas au printemps, elle devrait être réservée à l'automne. Après ma vie essoufflée de Paris, ces jours de refoulement intérieur sont remplis d'un charme mélancolique. Je passe des heures presque douces, quand il y a trêve pour le malade, dans ma petite chambre s'ouvrant sur l'océan de la Bresse, avec mes violettes, une joyeuse flamme de sarment, mes livres — j'ai fini les *Lettres à Mademoiselle Voland*, j'en suis arrivée au *Neveu de Rameau*, — et mon pot de myosotis dont la petite fleur rose pâle me dit tant de choses...

... Ah ! le printemps... Et pourtant, pendant bien longtemps, je n'ai pas aimé cette saison. Dans ma première jeunesse, elle m'accablait de langueur et de mélancolie. J'étais malade et triste. Plus tard, nous étions toujours séparés à ce moment-là. L'automne seul nous réunissait. Puis, pendant bien des années, il n'y eut plus qu'un hiver, puis ensuite le contraste de cette renaissance quand tout était mort pour moi, cet hymne à la vie, cette invite à l'amour me blessaient comme une cruelle ironie. Les petites feuilles semblaient comme de méchants gamins me tirer leurs petites langues vertes, et me chanter :

> J'ai du bon tabac,
> Tu n'en auras pas...

La femme qui passait ainsi des élans d'une sensibilité impénitente aux gaîtés d'un esprit toujours porté à quelque saillie habitait un entresol de la rue de Lille, où ses amis venaient la voir les jours de congés scolaires, les jeudis et les dimanches. Finissant sa vie avec peu de fortune, et restant bien par là la nièce de son oncle, elle était, en effet, inspectrice des écoles, et un incident, où l'on devait encore la reconnaître, marquait sa dernière inspection. Malade, et inquiète de son état, elle allait cependant visiter un jour les écoles et les salles d'asile de Sceaux, déposait sa carte chez le maire avant de repartir, et revenait prendre le train, mais s'apercevait, au moment de payer son billet, qu'elle n'avait plus son porte-monnaie. Elle pensait l'avoir égaré à la mairie, et c'était bien là qu'elle l'avait perdu. On l'y retrouvait, et il contenait ce billet : « Dans le cas où je tomberais dans une rue ou sur une grande route, je prie les personnes charitables de vouloir bien me reconduire à l'adresse ci-dessus. J'aime autant mourir dans mon lit que de figurer à la Morgue. »

Il était impossible de ne pas être frappé par ce que la physionomie de madame de Pierreclos avait de bon et de fort, en même temps que de plaisant et de noble dans le sourire avec lequel elle vous regardait, et la belle humeur de ses grands traits autour desquels ses cheveux gris retombaient en boucles à la mode de 1830. Amaury de Lacretelle l'avait prévenue de notre visite, elle avait la plus grande affection pour lui, et tout de suite, bien que sans me connaître encore, elle lui disait en me pressant les deux mains :

— Voilà ton ami, il est le mien !

Puis elle me présentait à une dame et à un monsieur qui me tendaient la main en souriant. Encore belle, la dame pouvait avoir une quarantaine d'années. C'était madame Ponsard, la veuve de l'auteur de *Charlotte Corday* et du

Lion amoureux. Le monsieur paraissait la cinquantaine, était chauve avec une couronne de cheveux galment frisottés, une large et joyeuse figure rabelaisienne, et me disait tout de suite sans façon, d'une voix sonore et cordiale :

— Allons, nous sommes des pays... Je sais que tu es Bourguignon, je te tutoie !

C'était Tony Révillon... Un pareil accueil me mettait tout de suite à l'aise, et l'aménagement du petit salon était lui-même particulièrement aimable et familier. Bien chauffé, bas de plafond, tendu d'un joli grenat, et calfeutré d'un moelleux tapis où s'ouvraient des fauteuils bas et profonds qui semblaient ne plus vouloir vous laisser repartir quand on s'y était assis, il était tout rempli, tout peuplé, tout animé de bibelots, de potiches, de gravures, de tableautins, de miniatures, et de belles plantes sentant bon dans leurs cache-pots. C'était un embaumement de souvenirs, de fleurs et d'intimité ! En dehors de Tony Révillon, de madame Ponsard et de madame de Pierreclos elle-même dont le ton allait de l'affection à la plaisanterie et de l'enthousiasme à la verdeur la plus gauloise, je ne revois guère encore, de cette première visite et des amis qui y défilèrent, que Paul de Saint-Victor dont la prestance et la moustache avaient quelque chose de militaire, mais qui était sourd, sa fille mademoiselle de Saint-Victor, une jolie jeune fille chez qui persistait encore la petite fille, et l'extraordinaire entrée d'un vieux monsieur qui, dans un de ses saluts, envoyait une potiche se casser bruyamment contre une console. Il manquait s'en écrouler lui-même de confusion, mais madame de Pierreclos se précipitait vers lui, et lui disait en le soutenant :

— Oh ! cher Monsieur, pardon, pardon !... Vous venez de me casser une potiche, et vous allez m'en vouloir pour tout le reste de votre vie, car on en veut surtout aux gens du mal qu'on leur fait !... Ah ! mes potiches, mes potiches !... Écoutez, je reconnais que j'en ai trop, et que c'est à moi à vous en demander pardon... Allons, ne m'en veuillez pas... Voulez-vous me le pardonner ?

— Mais, Madame, protestait le vieux monsieur de plus en plus bouleversé, mais, Madame, que me dites-vous là ?... Mais c'est à moi, c'est à moi...

— Mais non, cher Monsieur, mais non, pas du tout, pas du tout ! lui ripostait-elle au milieu des rires... Je vous répète que c'est à vous à me pardonner... Allons, voyons, soyez bien gentil, et promettez-moi une chose... C'est de revenir quand même me voir, et de ne pas m'en vouloir d'avoir fait un malheur chez moi !

Tantôt avec Amaury, tantôt seul, je revenais presque chaque semaine aux réceptions de la rue de Lille, et il était rare de ne pas en rapporter le motif d'une anecdote.

Paul de Saint-Victor était le grand critique dramatique du moment, et l'un des plus fidèles habitués du petit salon. Comment, un jeudi ou un dimanche, s'était-il endormi, ou paraissait-il l'être, au milieu des causeries et de la gaîté ? Les nécessités du théâtre et de son feuilleton l'avaient-elles obligé à une veillée dont il se reposait ? Sa surdité, en l'isolant de la conversation, l'avait-elle laissé tomber dans la somnolence ? La mollesse hospitalière et l'enfoncement de son fauteuil avaient-ils contribué à l'assoupir ? Toujours est-il qu'il était visiblement somnolent, et qu'on commençait à s'amuser de voir ses yeux se fermer et sa tête s'en aller à droite et à gauche.

— Tiens ! disait tout à coup madame de Pierreclos, mais il dort !... A quel théâtre croit-il être et à quelle pièce se figure-t-il assister ?... Il doit se croire à la Comédie-Française.

— Grand merci, répondait en riant madame Ponsard, on y joue *le Lion amoureux !*

— Oh ! pardon, chère amie, pardon !... Je voulais dire *les Burgraves...*

Puis, se rappelant mon extrême admiration pour Victor Hugo, à propos de laquelle elle venait précisément de me quereller :

— Allons, bon !... Qu'est-ce que je viens encore de dire là ?

— Ah ! *Les Burgraves ?* s'écriait alors quelqu'un... Mais c'est ce que Paul de Saint-Victor admire le plus !

— Mais oui, répliquait-elle, mais oui, je le sais bien... Mais il dort, il ne m'entend pas !

Ce qui caractérisait madame de Pierreclos, c'est qu'avec sa noble figure et ses boucles à la Louis-Philippe, et tout en étant la bonté et la sensibilité mêmes, elle ne résistait jamais à la tentation d'un mot pittoresque, dût-il écorcher ses meilleurs amis, et dût-elle s'y trouver elle-même en posture comique. Elle s'était fait ainsi, un peu partout, selon l'esprit ou la susceptibilité des uns ou des autres, des amis et des ennemis également fidèles dans leur amitié ou obstinés dans leur rancune. Ceux-là ne pouvaient pas se passer de ses saillies, mais ceux-ci ne pouvaient pas s'en consoler. La mode était alors à médire de l'Académie, et elle ne tarissait pas de railleries sur elle, bien qu'elle aimât beaucoup nombre d'académiciens. Elle ne les ménageait pas non plus à l'occasion, tout en en disant d'autres fois le plus grand bien, et l'un d'eux, le fils d'un professeur célèbre, ne lui pardonnait pas un mot qui, à force de se colporter, n'avait pas manqué de lui parvenir :

— Un tel ? avait-elle dit un jour, oh ! le meilleur des hommes, le plus charmant... Ah ! si charmant... si charmant !... Seulement, il est un peu...

— Un peu quoi ? lui avait-on demandé en la voyant hésiter avec un sourire et en sentant venir l'épigramme.

— Peut-être un peu... Non, pas pédant, pas pédant... Pas du tout... Mais enfin... Mais ce n'est pas de sa faute, ça lui vient de famille... Il a tété de l'encre !

Au moment du salon de peinture, on vantait devant elle un tableau représentant un empereur romain tombé ivre-mort au pied d'un mur, la tête dans la poitrine et les pieds allongés.

— Oh ! se récriait-elle alors avec un sursaut, comment, vous admirez ça ?... Mais c'est affreux !... On dirait Plonplon qui se fait faire les cors !

Chez la femme qui avait vu de près, autour de Lamartine, tout ce que son temps comptait d'illustre, et tenu longtemps ' z lui bureau d'esprit, le vieux « terroir bourguignon » était ce qui devait toujours rester de plus persistant, et ce qui l'avait toujours été. Elle aimait à vous raconter que, dans son enfance, n'étant déjà plus toute petite, tout en n'étant pas encore jeune fille, entre sa douzième et sa quinzième année, un épouvantable coup de tonnerre, suivi d'un fracas terrible, s'était abattu, une nuit, sur la maison de ses parents. Elle s'était aussitôt enfouie toute tremblante sous ses couvertures, puis avait fait un signe de croix, et avait gémi :

— O mon Dieu, je me recommande à vous !... Mais, je vous en supplie, faites que je ne meure pas sans avoir connu l'amour et sans avoir vu Paris !

Elle abondait aussi en historiettes sur Guizot, mais sur un Guizot inattendu. Très lié avec madame de X..., il était une des grandes attractions de ses réunions. Un jour, elle causait avec des amis dans son salon situé au rez-de-chaussée de son hôtel et donnant sur un parc, par de grandes fenêtres basses. C'était l'été, ces dames s'éventaient, la conversation languissait, il faisait chaud, et les fenêtres étaient ouvertes, quand un monsieur du plus respectable aspect sautait tout à coup dans le salon par l'une d'elles, en disant joyeusement avec un entrechat :

— C'est moi !... C'est moi !... C'est moi !... C'est moi !...

C'était M. Guizot lui-même. Il pensait que madame de X... était seule, et se croyait autorisé, par sa situation dans la maison, à s'y introduire ainsi par la fenêtre.

Se serait-on jamais figuré un Guizot aussi sémillant ? Mais ne trouve-t-on pas dans les mémoires, et dans les plus célèbres, des personnages historiques tout autres qu'ils ne sont dans l'Histoire ? Aurait-on aussi pu rêver, pour la vieillesse de Lamartine, une Antigone aussi gaie?

A la fin de 1875, le petit salon de la rue de Lille n'existait déjà plus. Minée par une affection des bronches, madame de Pierreclos avait dû quitter Paris, s'était retirée près de Mâcon chez ses enfants, dans cette vieille demeure de Belair dont les violettes la charmaient, et elle écrivait de là à une amie : « Je suis cruellement abandonnée au coin de mon feu où je tousse, où je palpite, où je fais *ma crevaison*. La neige est une peste pour moi, elle me donne le mal de mer et fixe mon rhumatisme ambulatoire sur le cœur »...

Je reparlais souvent d'elle, après sa mort, avec Amaury de Lacretelle, et je le questionnais aussi un jour sur Lamartine.

— Comme je te l'ai dit, je l'ai très peu vu, m'avait-il répondu, et ce dont je me souviens le mieux, c'est de l'avoir rencontré une fois avec mon père en remontant le Faubourg Saint-Honoré... J'étais enfant, et ce qui m'avait le plus frappé, c'est qu'il avait des souliers percés...

Pauvre et grand Lamartine ! Le prodigieux rayonnement de sa gloire devait, en effet, s'abîmer dans une éclipse dont l'obscurité cachait presque la misère... Pauvre et joyeuse Bourgogne ! Du radicalisme au socialisme, elle devait en arriver à flirter avec la démagogie !... Pauvre et noble château de Cormatin ! Il devait avoir un jour pour châtelain, après les d'Estrées et le président de Brosses, un multimillionnaire juif, M. Gunsbourg, le directeur du théâtre de Monaco !

CHAPITRE III

LE SALON DE VICTOR HUGO

I

— Eh ! bien, m'avait malicieusement demandé madame de Pierreclos, avez-vous enfin vu le grand homme ?

— Oui, hier soir.

— Alors, vous voilà heureux ?...

Le grand homme, qu'elle n'appelait pas ainsi sans ironie, car elle ne l'aimait pas, était Victor Hugo. M. de Lacretelle était de ses amis, et m'avait présenté à lui la veille.

On ferait toute une anthologie avec les dithyrambes de la jeunesse littéraire de 1870 et de 1875 à la gloire du grand poète de *la Légende des Siècles*. Comme tant de mes contemporains, je lui avais adressé mon hommage rimé, il l'avait accueilli avec faveur, et j'avais été enchanté de pouvoir lui rendre visite.

Il habitait, à ce moment-là, un entresol de la

rue Pigalle, et nous y avait reçus dans un petit salon bas où, pour tout ameublement et toute ornementation, il y avait une demi-douzaine de fauteuils rangés en face les uns des autres, une belle et antique pendule, un vieux bahut et, au-dessus du bahut, un petit navire qui déployait ses voiles. On y lisait : *The Claymore*, le nom de la corvette anglaise où se passe, dans *Quatre-vingt-Treize*, le fameux drame de la caronade.

Avec son teint coloré, sa barbe et ses cheveux taillés en brosse, son œil bleu perçant et son vaste front, le « grand homme », comme l'appelait ironiquement madame de Pierreclos, avait un air de santé et de robustesse surprenant. Allongé dans son fauteuil au coin de la cheminée, la tête légèrement en arrière au-dessus d'un gilet haut-boutonné barré par une chaîne de montre, souriant et les mains croisées sur la poitrine, il causait gaîment, à notre arrivée, avec deux jeunes visiteurs, l'un assis à côté de lui, et l'autre allant et venant avec animation, parlant et gesticulant. Le premier avait un visage exalté et les cheveux déjà blancs malgré sa jeunesse. C'était Adolphe Pelleport, le gérant du *Rappel*, l'un des plus fidèles amis du maître, poète lui-même, et le plus aimable des hommes. Le second, brun, à l'air bohème, avec un bras plus court que l'autre et un binocle piqué de travers dans une figure hirsute et railleuse, était Camille Pelletan, qui devait devenir un jour ministre de la marine.

— Ah ! s'écriait Victor Hugo en nous voyant

entrer, c'est vous, mon cher Lacretelle... Est-ce que vous revenez de Versailles ?

— Mais non, mon cher maître, je n'y suis justement pas allé aujourd'hui.

— Alors vous tombez bien, et Pelletan va vous en apprendre !

En entendant qui j'étais, il me tendait les deux mains, à l'une desquelles brillait une grosse bague pareille à celle d'un évêque, me comblait de remerciements, d'éloges et d'encouragements, puis reprenait la conversation que nous avions interrompue et qui roulait sur la politique. Pelletan revenait de l'Assemblée Nationale, où de violents incidents avaient eu lieu. Il les racontait avec verve, et Victor Hugo semblait plutôt s'en amuser, tout en fronçant le sourcil à certains moments. Les nouvelles, en effet, n'étaient pas bonnes pour la cause républicaine, la révolution perdait du terrain et, selon l'expression consacrée, « la réaction triomphait ».

Onze heures avaient sonné lorsque nous prenions congé du maître, et il me disait alors en me pressant de nouveau les mains et en me reparlant de mes vers que *le Rappel* avait publiés :

— Vos vers sont signés : Talmey... C'est un pseudonyme... Où l'avez-vous pris ?

— C'est le nom d'un village de Bourgogne où mon père a un ami que vous avez peut-être connu, le baron Thénard.

— Ah ! le baron Thénard... Un grand nom !

— Et celui sous lequel veut, à un moment, se

cacher Thénardier dans *les Misérables*, lui disais-je en riant.

— Tiens, me répondait-il en riant aussi, c'est
vrai, je n'y pensais pas... Eh ! bien, ce nom de
Talmey n'est pas mal, mais il y manque une so-
norité... Mettez-y donc un r... Cela sonnera
mieux...

Et, me pressant toujours les deux mains :

— Allons, mon cher Talmeyr, faites comme
ont fait Poquelin et Arouet en s'appelant Mo-
lière et Voltaire... Revenons aux vieux usages,
retournons aux grandes mœurs, renouons les
belles traditions... Et puis promettez-moi de ne
pas vous en tenir à cette visite... Revenez me
voir, vous me ferez plaisir...

Quelques mois après, il n'habitait plus rue
Pigalle, mais rue de Clichy, où il donnait des
dîners et des réceptions dans un cadre qui n'était
pas sans luxe. Tout tendu d'une soie cerise, avec
d'épaisses et opulentes portières, de confortables
canapés et un magnifique lustre en verre de
vieux Venise tout scintillant de bleu et de rose,
le salon était séparé en deux parties par un éléphant de bronze et d'or dressé sur un socle, et
placé au-dessous du lustre. Près de la haute cheminée tendue de soie comme le reste du salon,
le grand poète recevait ses hôtes, installé sur un
petit canapé vert, en face de madame Drouet
dont le sourire fatigué suivait de loin les conversations, et qui somnolait par instants dans
son fauteuil. Madame Charles Hugo était aussi

là, mais se tenait à l'autre extrémité du salon, de l'autre côté de l'éléphant, où elle recevait ses amis à elle. Quelles visions vraiment extraordinaires, même après cinquante ans, restent encore aujourd'hui de ces soirées à ceux qui peuvent se les rappeler ! On y voyait à peu près tout défiler en fait de spécimens humains et de classes de la société, depuis des têtes couronnées, comme le soir où l'empereur du Brésil voulut apporter lui-même ses hommages au maître, jusqu'à des cochers de fiacre, comme au dîner où, pour n'être pas treize, on en fit monter un de la station voisine, d'où il vint faire le quatorzième !

Les réceptions avaient lieu tous les soirs et, certains jours, l'excellente et haute société qui s'y rencontrait, le ton des convives et les grandes manières de Victor Hugo, chez qui reparaissait un de ces hommes de cour comme en connaissait la vieille Monarchie, vous y transportaient en plein milieu aristocratique. D'autres jours, en revanche, les discours qui s'y prononçaient, les figures qu'on voyait, les gens qui s'y bousculaient n'étaient pas loin de vous y faire croire au plus bas des clubs révolutionnaires. D'autres fois, c'était encore autre chose. La gaîté dominait, et je revois toujours une soirée où Catulle Mendès, dans un coin du salon, taquinait de ses plaisanteries une petite vieille criarde et gesticulante dont le brouhaha général couvrait les exclamations.

— Ah ! ça, mais je la connais, disait tout à coup un joyeux et vieux journaliste à cheveux blancs et à monocle dont je ne me rappelle pas le nom, mais qui écrivait dans *le Charivari*.

Et, se frappant le front :

— Mais oui, mais oui... Mais c'est elle... C'est la fameuse Louise !

Et c'était, en effet, la fameuse et terrible Louise Colet, une des plus célèbres jolies femmes de l'époque de Louis-Philippe, en même temps qu'une des plus ardentes à réclamer l'émancipation de son sexe. On la croyait morte. Elle n'était qu'oubliée et ratatinée, mais toujours disposée aux discours, aux grands cris et aux manifestations. En apprenant qui elle était, on arrivait l'entourer, et Mendès n'était plus le seul à s'amuser d'avoir retrouvé l'ancienne et tapageuse Egérie de Victor Cousin, si copieusement raillée par Alphonse Karr et caricaturée par Daumier. Qu'elles fussent d'ailleurs jeunes ou vieilles, jolies ou laides, ou même ridicules, Victor Hugo baisait toujours la main des dames et, à la fin de cette soirée-là, très cérémonieusement, il baisa certainement celle de la petite vieille.

Les célébrités de la politique et des lettres qui fréquentaient rue de Clichy appartenaient à tous les camps et à tous les mondes. A côté des intimes, comme les Vacquerie et les Meurice, des vrais amis comme Louis Blanc et des vrais admirateurs comme Paul de Saint-Victor et Flaubert, à côté aussi d'anciens proscrits comme les Schœlcher et les Madier de Montjau, d'illustrations de la presse comme Rochefort, Scholl et Girardin, de radicaux comme Clemenceau, de fanatiques mangeurs de prêtres comme Peyrat, de certains réactionnaires connus et de révolutionnaires affichés, il y avait encore les curieux et les sceptiques, les notabilités de la grande vie parisienne ou de la bohème à la mode comme les Arsène Houssaye et les Monselet, et ces derniers, malgré le respect dû à la maison, ne reculaient pas, à l'occasion, devant certaines facéties, généralement aimables, mais quelquefois un peu fortes.

Comment, un soir, étais-je resté seul avec le maître ?... Je ne me souviens que d'une chose, c'est que je ne retrouvai plus mon paletot en m'en allant. Il y en avait bien un dans l'antichambre, mais ce n'était pas le mien.

— Alors, me disait Victor Hugo, on vous a emporté votre paletot ?... Bah !... C'est un détail... Prenez celui-là... Ce sera un échange... Le vôtre ou un autre, qu'est-ce que ça peut faire ?... Ce sont des contingences !

— Mais celui-là a le ruban de la Légion d'honneur.

— Raison de plus... Emportez-le... C'est une aubaine !

Il faisait froid, il était tard, et je l'avais pris, lorsque le lendemain matin on venait me prier de le rendre en me rapportant le mien, où j'avais laissé mon portefeuille, et en me faisant remettre ce billet :

Cher Monsieur, vous connaissez le proverbe : Les habits de nos amis sont nos habits. *Vous me pardonnerez donc de n'avoir pas distingué entre nos pale-*

tôts... *Quant à la décoration, veuillez y voir un présage... Bien cordialement.*

ARSÈNE HOUSSAYE.

La plaisanterie était d'un homme du monde et d'un homme d'esprit, car l'apparente confusion des pardessus n'avait bien dû être qu'une plaisanterie, et ce n'était probablement pas la première fois qu'Arsène Houssaye, en vue de populariser son proverbe, ne distinguait pas entre les paletots. Mais d'autres amis de la maison ne plaisantaient pas toujours d'une façon aussi délicate, et Monselet, à un dîner, se comportait un peu, à la table de l'auteur des *Contemplations*, comme dans un de ces caboulots dont il passait pour être l'habitué.

Il avait la réputation d'un mangeur pantagruélique et, après chaque plat, madame Drouet l'invitait malicieusement à y revenir.

— Voyons, monsieur Monselet, encore une fois ?

— Parfaitement, Madame... C'est excellent, délicieux... J'accepte avec reconnaissance.

— Allons, monsieur Monselet, vous allez bien reprendre encore un peu de ça ?

— Comment donc, Madame... Je n'osais en redemander, mais puisque vous m'y invitez... C'est exquis...

Et, toujours gaîment, il acceptait toujours, quand, au quatrième ou cinquième plat, il se levait tout à coup de sa chaise, s'y laissait retomber bruyamment, et s'en relevait encore en s'y laissant encore retomber de même, au milieu de l'ahurissement général.

— Monsieur Monselet, s'écriait madame Drouet, qu'est-ce que vous faites ?

— Mais, Madame, lui répondait alors Monselet en éclatant de rire, mais je fais de la place... On dîne si bien ici et c'est si bon !... Voyez, je fais de la place, j'en fais... L'omnibus est complet, et je tasse les voyageurs !...

On était loin de l'esprit d'Arsène Houssaye, mais on ne pouvait qu'en rire, on en riait, et Victor Hugo en riait même plus fort que les autres. Il n'était pas ennemi des bouffonneries, même innocentes et primitives, et s'y livrait lui-même volontiers entre intimes, particulièrement lorsque le petit Georges et la petite Jeanne étaient là. On voyait alors un Victor Hugo simple, sans façons, heureux de se mettre à la portée des en-fants, enfant lui-même sous ses cheveux blancs, et naïvement facétieux.

— Tenez, mes enfants, leur disait-il à la fin d'une soirée en venant se remettre à table dans la salle à manger, tenez, regardez bien comment on mange les oranges.

Et il ouvrait largement la bouche, s'y fourrait une orange entière avec sa peau, y ajoutait deux ou trois morceaux de sucre, croquait, mâchait, broyait, mastiquait, avalait le tout, puis rouvrait sa bouche vide, la refermait, et disait triompha-lement devant le petit Georges et la petite Jeanne ébahis et battant des mains :

— Faites-en autant !

Un jour, les journaux avaient annoncé qu'il avait fait une chute, et tous ses fidèles accouraient le soir prendre de ses nouvelles, mais le trouvaient plus solide et de meilleure humeur que jamais.

— Mais, leur répondait-il, c'est absurde... Je n'ai pas fait la moindre chute... Où les journaux prennent-ils de pareilles histoires ?...

On causait ensuite de choses et d'autres, notamment d'un roman à sensation de deux jeunes auteurs qui signaient Vast-Ricouard, et il s'amusait alors de ces deux noms :

— Vast-Ricouard, Vast-Ricouard, répétait-il en riant... Qui peuvent-ils bien être tous les deux, Vast et Ricouard ?... Quel est celui qui est Vast, et quel est celui qui est Ricouard ?... Je vois bien Vast, et je me le représente sans peine... Mais Ricouard ?... Ricouard ?... Je ne vois pas Ricouard... Comment peut bien être Ricouard ?...

Puis, on parlait d'autre chose, et personne ne pensait plus à Vast ni à Ricouard, quand un ami entrait encore et se précipitait tout essoufflé :

— Ah ! mon cher maître... Vous êtes tombé?... Comment !... Vous êtes tombé ?

— Mais non, cher ami, mais non !... Voyons, je ne suis pas tombé du tout !... C'est une histoire des journaux...

Et, se ravisant, il lui prenait tout à coup les mains, et d'un ton de joyeuse confidence :

— Eh ! bien, si, cher ami... C'est vrai, oui, je suis tombé, et je vais tout vous avouer..., je suis tombé sur mon *vaste ricouard !*

De tous les admirateurs de Victor Hugo, le plus exalté fut peut-être Gustave Flaubert. Il ne cessait de répéter aux amis de Zola qui se donnait comme le concurrent du maître et posait pour le grand homme d'en face :

— Dites donc à M. Zola que tous, qui que nous soyons, nous ne mangeons pas un rosbif dont le père Hugo n'ait pas tué le bœuf, ni un gigot dont il n'ait pas tué le mouton.

Et il aimait à manifester son enthousiasme par une familiarité outrancière et tapageuse, mais dont se réjouissait d'autant plus ce « père Hugo, qui avait tué tous les bœufs de tous les rosbifs et tous les moutons de tous les gigots », qu'elle était plus pittoresque et plus bousculante.

— Mon cher Flaubert, lui disait-il un soir, après toute une série de fortes plaisanteries échangées entre eux, vous ai-je lu *le Temple d'Ephèse* ?

— *Le Temple d'Ephèse* ?

— Oui, de la seconde *Légende des Siècles* qui n'a pas encore paru.

— *Le Temple d'Ephèse* ?... Mais non, mon cher maître, mais non... Ah ! *le Temple d'Ephèse* !... Ah ! le beau titre !... Le splendide sujet !... Saperlotte ! Ah ! saperlotte !...

— Eh ! bien, vous allez l'entendre...

Un instant après, une paire de grosses lunettes sur le nez, et de larges feuillets à la main, il commençait à lire *le Temple d'Ephèse*, au milieu de quelques intimes qu'immobilisait une religieuse attention. Agité d'avance par l'admiration, Flaubert se calait alors à fond dans son fauteuil, tirait son pantalon sur ses bottes pour mieux dégager les genoux et écouter plus à l'aise, et tout à coup, au premier vers plus particulièrement beau, frappait du pied, secouait sa figure de vieux guerrier moustachu, et lançait d'une voix profonde où il y avait à la fois de la religion et de la blague :

— Cochon !

Puis, le poème s'envolait, montait, planait et, à chaque nouveau coup d'aile qui l'emportait toujours plus haut, un nouveau coup de pied résonnait, avec un nouveau :

— Cochon !

Quand l'aurore apparaît, je ris, doux édifice...

— Cochon !

L'homme élève vers moi ses mains universelles...

— Cochon !

Je suis la vérité bâtie en marbre blanc...

— Cochon !

Victor Hugo exultait, et jouissait ainsi d'ordinaire, quand il était entre amis, de l'excès même du burlesque.

Une seule fois, je le revois choqué par une scène comique, et ne se montrant pas disposé à en plaisanter... La réception, ce soir-là, avait d'ailleurs un caractère de solennité un peu lourde. Il y était question de l'avenir, du xx° siècle, de l'abolition de la guerre, de la récon-

ciliation des peuples, de la fraternité universelle.
Debout devant la cheminée, le maître parlait de
tout cela d'un ton inspiré, prophétique, et tous
l'écoutaient dans un silence religieux, quand un
vieux monsieur, souriant et ganté, entrait en saluant, s'approchait de lui, et, très affable, lui
disait en l'interrompant :

— Bonsoir, Victor... Comment vas-tu ?

— Qui êtes-vous, Monsieur ? lui répondait
avec colère Victor Hugo subitement suffoqué et
dont l'œil lançait des éclairs.

— Mais Un Tel, Victor... Un Tel... Voyons, tu
ne te rappelles pas ?

— Je ne vous connais pas, Monsieur !

— Mais si, Victor... Voyons... Tu sais bien...
Ton ami de collège.

— Je n'ai pas été au collège, Monsieur !

— Voyons, Victor, voyons.. Rappelle-toi
donc...

— Sortez, Monsieur !

C'était drôle, mais d'une drôlerie qui devenait
pénible, et le secrétaire, Richard Lesclide, arrivait
y mettre fin. Il invitait le vieux monsieur à s'en
aller, et le vieux monsieur ne résistait pas, re-
traversait le salon et en sortait comme il y était
entré, saluant, ganté, souriant toujours de la
meilleure grâce du monde... Qui était-il, et qu'é-
tait-il ? Un fou ? Un mystificateur ? Un humo-
riste ? Une vieille connaissance d'enfance et de
jeunesse, perdue de vue depuis soixante ans ?...
On ne devait jamais le savoir.

II

Pendant quinze ans, entre son retour en France et sa mort, Victor Hugo fut peut-être regardé comme la plus grande gloire de la République. Depuis « l'Année Terrible » jusqu'à ses obsèques, on ne vit guère de triomphe aussi éclatant et aussi continu. Hommages officiels, solennités théâtrales, défilés populaires devant sa maison, ovations nationales, rien ne manqua à son apothéose, et personne, cependant, n'était, au fond, moins aimé que lui, ni même plus détesté, et plus tourné en ridicule sous le manteau des conversations, par presque tout ce qui était quelqu'un ou quelque chose dans le nouveau régime. Jamais parti politique ne se servit aussi tapageusement d'un grand homme dont il avait secrètement la haine, et qui, de son côté, ne devait pas être dupe du jeu dont il était l'objet, mais ne pouvait pas ne pas jouir d'être aussi prodigieusement et grandiosement encensé !

Ses réceptions n'étaient jamais banales, mais l'une des moins ordinaires fut celle qui suivit son élection comme délégué sénatorial de Paris. Dans les groupements politiques qui vinrent, ce soir-là, lui apporter leurs hommages, on remarquait une certaine délégation qui pouvait rappeler les scènes des Buttes-Chaumont et la barrette rapportée par le fils Da Costa du massacre des Otages. De quels bas-fonds arrivait-elle, et d'où pouvaient bien sortir les têtes patibulaires des quatre ou cinq « citoyens » qui la composaient ? A la façon dont ils regardaient le salon, ils avaient l'air d'y inventorier du coin de l'œil ce qu'ils auraient un jour à y prendre pour le rendre à la nation. Ils appelaient aigrement Victor Hugo : « Citoyen Victor Hugo », et se disaient envoyés par leur comité pour lui annoncer que la Révolution comptait sur lui :

— Citoyen Victor Hugo, la Révolution nous a délégués... Nous sommes chargés de vous dire, citoyen Victor Hugo...

Sous cette avalanche de « citoyen Victor Hugo », il leur rendait lui-même des » citoyens », à République-que-veux-tu, mais en restant dans les nuées d'un vague sibyllin. Le secrétaire Lesclide était venu s'asseoir derrière eux comme pour veiller à ce qu'ils n'emportassent rien, et madame Drouet, tantôt regardant le plafond de soie cerise, tantôt le lustre de Venise, tantôt l'éléphant de bronze et d'or, tapotait nerveusement son fauteuil de son éventail, pendant que le « citoyen Victor Hugo » se tirait d'affaire par des tirades prophétiques sur « Paris Ville-Lumière, Paris cerveau de la France et Paris capitale du monde ». Une gêne particulière planait pendant ce temps-là sur l'assistance où passaient aussi des envies de rire. Après un silence, les « citoyens » se levaient pour s'en aller, et j'ai toujours dans l'oreille le ton de sarcasme et la voix éraillée dont l'un d'eux demandait en sortant à l'illustre délégué sénatorial :

— Citoyen Victor Hugo, on dit que vous êtes *bondieusard*... Est-ce que c'est vrai ?

Mais Victor Hugo ne répondait rien, se contentait de reconduire cérémonieusement les « citoyens », les saluait, retournait à sa place et s'y rasseyait en souriant, quand une fort belle dame, et fort élégante, entrait en le félicitant joyeusement de son élection.

Il se relevait alors tout radieux, et lui disait en s'inclinant :

— Belle Madame, un million d'hommes vous baisent les mains !

Était-ce un million d'hommes comme ceux qui venaient de s'en aller ?...

Mais les incidents n'étaient pas finis, et d'autres délégations se présentaient encore. L'une d'elles était même conduite par Clemenceau, alors jeune, rappelant encore un peu le maire de Montmartre, aussi mince et maigre que Gambetta était déjà gras, et d'une impertinence frétillante. Puis, on voyait, à un moment, une servante venir parler à l'oreille du secrétaire, le secrétaire quitter le salon, revenir parler lui-même à l'oreille du maître, ressortir, et rentrer avec un petit monsieur distingué, en habit et en cravate blanche, blanc de cheveux et de barbe, pressé, trotte-menu, et qui, avec tout ce qu'il avait de blanc et de trottinant, vous faisait penser à une souris blanche. Victor Hugo s'empressait d'aller à sa rencontre et l'emmenait dans une pièce voisine, d'où ils ressortaient peu après, le maître toujours empressé et le petit monsieur toujours trottinant, sortant en hâte comme il était entré, mais après être allé saluer madame Drouet... C'était M. de Freycinet, le grand auxiliaire de Gambetta, futur ministre et futur président du Conseil. Les élections sénatoriales approchaient, il était candidat, accourait en trottant demander sa voix au glorieux délégué de Paris et, à l'une des soirées suivantes, on le revoyait encore entrer, toujours le même, de plus en plus trotte-menu, de plus en plus souris blanche, arrivant encore demander au grand électeur sénatorial un instant d'entretien à part, puis repartant toujours en hâte, mais toujours sans avoir manqué de venir saluer madame Drouet. Était-il déjà revenu ainsi les soirs précédents? Devait-il revenir les soirs suivants ? On peut le supposer, car il soignait son élection et, le jour du scrutin, n'en sortait pas seulement sénateur, mais le premier en tête de la liste, où il rejetait au troisième ou quatrième rang Victor Hugo lui-même, également candidat, mais à qui le collège électoral infligeait ainsi un affront, certainement concerté dans les conseils gambettistes. On y tenait en effet le grand homme en particulière aversion, même en horreur, tout en ayant soin de se servir de lui là où il pouvait être utilisé, mais en s'empressant de le jeter à bas de son piédestal, dès qu'on n'y voyait plus d'inconvénients.

Cette hostilité « à couvert » de la plupart des dirigeants du Régime, pour l'homme dont ils faisaient « à découvert » et officiellement une de leurs gloires, est une des impressions les plus fortes qui me soient restées des milieux républicains de cette époque. Il était si bien de mode de le bafouer en secret, dans les partis même dont il était le drapeau, que beaucoup de ceux qui, au fond, aimaient et admiraient son génie finissaient par avoir peur de le montrer, et faisaient chorus avec les ricaneurs.

— Enfin, me disait un jour Adrien Hébrard qui n'était nullement son ennemi, pourquoi parle-t-il toujours de Dieu ?... Est-ce qu'il y croit sérieusement ?... Je me figure qu'il doit tout simplement vouloir se donner un interlocuteur de son rang, un vis-à-vis avec lequel il puisse causer d'égal à égal !

On aimait ainsi à le ridiculiser à propos de tout, même et peut-être surtout de ce qu'il y avait chez lui de plus à louer. On s'amusait à salir l'idole dont on exploitait le culte, et les gambettistes, plus encore que d'autres, saisissaient toutes les occasions de la rabaisser. A une représentation de gala des *Burgraves* à la Comédie-Française, Jules Cazot me disait au foyer en bâillant et en s'étirant :

— Ah ! en voilà une pièce !... On ne peut pas l'entendre sans ronfler... Ah !... Il a bien fallu y venir... Mais quelle pièce !... C'est à s'enfuir...

Personnellement, même là où il n'aurait eu que des raisons d'être aimable, Gambetta s'exprimait sur lui avec la dernière brutalité. Le grand poète ne manquait jamais de lui envoyer ses livres avec les plus flatteuses dédicaces, mais le fameux tribun, sans même l'en remercier, les déclarait bons à être mis au panier.

— Il paraît que vous devez dîner ces jours-ci chez Victor Hugo ? lui demandait un jour une dame de ses amies qui savait à quel point il le détestait... Est-ce que c'est vrai ?

— Mais comment le savez-vous ?

— On dit que vous êtes invité !... Tout le monde en parle.

— C'est exact, lui répondait Gambetta vexé... Il m'a fait écrire *par sa cuisinière*, mais je n'ai même pas répondu... Je crois bien tout de même que je serai obligé d'y aller.

C'était de madame Drouet que le fils du boutiquier du *Bazar génois* parlait avec ce mépris et, l'un des jours suivants, il allait, en effet, en compagnie de Spuller, d'Allain-Targé et de Challemel-Lacour, s'asseoir à la table de l'idole et de *sa cuisinière*. Le bruit s'en était répandu et, à la réception de ce soir-là, il y avait foule.

Installé comme toujours sur son petit canapé, Victor Hugo se montrait grave, et Gambetta, confortablement renversé sur le canapé en face, obèse, congestionné, à demi vautré dans une de ces poses à la fois trônantes et écroulées dont il était coutumier, causait et discourait d'un ton *d'imperator*, en dirigeant son œil unique et flamboyant tantôt sur le maître, tantôt sur Spuller, Challemel ou Allain-Targé, également engagés dans la conférence. De temps à autre, la voix de Victor Hugo dominait, et tout le salon écoutait. Celle de Gambetta s'élevait ensuite, et toutes les oreilles se tendaient encore. Puis, Allain-Targé, Spuller ou Challemel-Lacour donnaient leur avis, et personne ne prêtait plus la moindre attention. Par instants, Victor Hugo savait se faire aimable, mais Gambetta et ses lieutenants n'y parvenaient pas. L'antipathie les glaçait malgré eux dans une incurable gêne, et rien ne pourrait donner une idée de l'olympienne envie de rire avec laquelle Leconte de Lisle, qui était là, assistait à la comédie, contenant sa gaîté, et braquant ironiquement son monocle dans sa figure d'archevêque.

Je rencontrais quelquefois aux dîners de la rue de Clichy un membre du Conseil municipal de Paris, qui devait en devenir le président. Il professait une grande sympathie pour le maître, mais n'en laissait pas moins voir, lui aussi, l'abîme qui l'en séparait, et me disait un soir, à propos d'une affaire de mœurs où la police avait arrêté une femme pour laquelle la presse radicale prenait tapageusement fait et cause :

— Parbleu, cette femme a certainement fait tout ce qu'il fallait pour se faire coffrer, mais on n'en a pas moins raison de la soutenir, et chacun doit toujours pouvoir disposer de soi-même comme il l'entend... A bas la morale ! La vraie Révolution est là... Je ne sais pas ce que le maître en dit, et il est bien possible qu'il ne soit pas de cet avis, car il ne pense pas comme nous sur beaucoup de points. Il est *bondieusard*, et pas un seul de nous ne le sera jamais... Mais ça ne

fait rien. Il peut penser et dire ce qu'il voudra...
Il nous sert !

Si un républicain se trouvait indiqué pour ne pas avoir à l'égard de Victor Hugo l'espèce d'hostilité déguisée qui animait ainsi contre lui la plupart des hommes du régime, c'était Édouard Lockroy, le second mari de madame Charles Hugo, et pas un, cependant, ne lui était peut-être plus hostile. Il avait pour lui une antipathie qu'il ne dissimulait même pas, et dont les signes crevaient les yeux. La froideur avec laquelle il l'appelait « Monsieur », lorsque tout le monde l'appelait « Maître », ne pouvait pas ne pas se remarquer. Jamais, à l'heure des dîners, il n'était là au moment de se mettre à table. Il affectait de se faire attendre, arrivait au milieu des repas, semblait trouver plaisir à se montrer choquant, critiquait tout haut certaines présences dans les réceptions, et quittait même un soir ostensiblement le salon à l'arrivée d'un visiteur, un prince russe alors en vogue.

— Qu'avez-vous ? lui demandait-on en voyant l'air d'humeur avec lequel il le regardait entrer.

Il répondait avec mépris :

— Je n'aime le poisson que dans mon assiette !

— Vous vous en allez ?

— Oui, je vais chercher ma ligne...

Nous n'étions un soir que quelques invités, et il n'était venu, par extraordinaire, que peu d'amis, lorsque madame Drouet disait au maître en le voyant rester silencieux :

— Monsieur, M. et madame Lockroy désire-raient inviter quelques-uns de leurs amis pour la semaine prochaine. Vous n'y voyez pas d'empê-chements ?

— Aucun, Madame.

Puis, il ajoutait, un peu froid :

— A moins, cependant, que nous n'ayons nous-mêmes quelques invitations en vue. En ce cas, commençons par les faire, et nous verrons après... Nous, d'abord, et les autres ensuite... Les amis de M. Lockroy, vous le savez, ne sont pas les miens...

III

On connaît peu, si même on les a jamais con-nues, les véritables relations de Victor Hugo et de Lamennais. Elles pourraient cependant expli-quer bien des choses et ouvrir bien des horizons, telles qu'elles furent peut-être réellement et qu'il les racontait dans sa vieillesse.

Il avait dix-neuf ans lorsque sa mère était morte. Le service avait eu lieu à Saint-Sulpice dans la chapelle de la Sainte Vierge, et il avait remarqué dans l'assistance un jeune prêtre qui l'avait frappé à la fois par sa ferveur et son élé-gance.

— Avez-vous vu ce jeune prêtre, et savez-vous qui il est ? avait-il demandé à ses frères Abel et Eugène.

Ils l'avaient remarqué comme lui, mais se demandaient aussi qui il était quand, en examinant les cartes déposées chez eux, ils y trouvaient celle d'un duc de Rohan-Chabot, où était écrit au crayon : « A M. Victor Hugo ».

— C'est la carte du jeune prêtre, avait dit alors Abel... Le jeune duc de Rohan-Chabot est entré dernièrement dans les Ordres à la suite de la mort de sa femme qui s'est brûlée vive en s'habillant pour le bal... J'ai idée que c'est lui qui était au service.

C'était bien lui, et Victor Hugo estimait lui devoir une visite, allait le voir, le reconnaissait, et ils se liaient en raison de leur jeunesse, de leurs deuils et de leurs opinions royalistes. Sur un point, seulement, leurs idées différaient. Très voltairienne, malgré son royalisme, madame Hugo avait élevé son fils en dehors de toute religion, il n'en avait pas, et le duc de Rohan lui disait quelquefois avec affliction :

— Alors, mon cher ami, vous ne pratiquez pas ?

— Non.

— Et vous n'avez pas la foi ?

— Je ne l'ai pas.

— Ni croyant ni pratiquant ?

— Ni l'un ni l'autre.

— C'est un grand malheur !

Un jour, il revenait encore avec plus d'insistance à la charge :

— Mon cher Hugo, lui disait-il, il faut vous convertir.

— Mon cher Rohan, ce sera bien difficile.

— Essayez quand-même.

— Je crois que je ne réussirai pas.

— Qui sait ?

— Vous y tenez ?

— Beaucoup... Faites-le, je vous en prie, par amitié pour moi.

— Eh ! bien, que faut-il faire ?

— Pour commencer, allez à la messe... Tenez, venez-y à Saint-Sulpice, vous m'y verrez.

Victor Hugo y allait le dimanche suivant, se plaçait en face de l'autel, écoutait les chants, l'orgue, les prières et, dans le chœur, voyait son ami qui l'apercevait lui-même dans la foule et lui faisait de temps à autre des signes de tête.

— Eh bien ! lui demandait quelquefois l'abbé de Rohan... Comment cela va-t-il ?

— Eh bien ! j'essaye.

— Et vous réussissez ?

— Non... La foi ne me vient pas.

— C'est que vous ne pratiquez qu'incomplè-tement, mon cher ami... Il faudrait vous con-fesser, communier.

— Pour cela, c'est impossible... Je n'ai pas fait ma première communion.

— Non ?... Sérieusement ?... Vous ne l'avez pas faite ?

— Mais c'est comme je vous le dis.

— Eh ! bien, voilà qui explique tout... Il faut la faire... Je vous en supplie !... Tenez, je vais vous présenter à l'abbé Frayssinous...

Mais l'abbé Frayssinous, bien que premier

aumônier de Louis XVIII, comte et pair de France, ne plaisait pas à Victor Hugo.

— Jamais, dit-il à Rohan, je ne me confesserai à lui.

— C'est curieux, lui répondait Rohan. Il m'a déclaré de son côté que jamais il ne voudrait vous avoir pour pénitent.

— Écoutez, mon cher ami, lui disait alors Victor Hugo, restons-en là... Plus vous me prêchez, moins je crois... Ne me convertissez pas davantage !

L'abbé de Rohan n'ajoutait rien, mais revenait quelques jours après, et lui disait en arrivant :

— Venez... Je vous emmène chez l'abbé de Lamennais...

Par une coïncidence singulière, Lamennais, à cette époque, demeurait dans la maison même de l'impasse des Feuillantines où Victor Hugo avait passé son enfance, et le jeune poète en était tout saisi. Il reconnaissait la rue, l'entrée, le jardin, les grands arbres, les allées où il avait joué et où il poursuivait entre les pierres les petits insectes rouges qu'on appelle des bêtes du Diable. Il montait le perron, se sentait de plus en plus ému, entrait dans l'ancien salon de sa mère, et y trouvait Lamennais vêtu d'une soutane trouée, frêle, nerveux, l'air pauvre, avec son grand nez pointu, sa bouche d'enfant et son regard de prophète.

— Eh ! bien ? demandait l'abbé de Rohan à Victor Hugo après l'entrevue... Vous plaît-il ?

— Beaucoup, et autant j'apprécie peu l'abbé

Frayssinous, autant j'aime l'abbé de Lamennais!

— Et lui, il vient de me dire qu'il voulait absolument vous convertir.

Lamennais achevait à ce moment son *Essai sur l'indifférence*. Il avait été incroyant dans sa jeunesse, mais s'était ensuite rapproché de la religion à l'âge où d'autres la quittent, et aucun prêtre ne se montrait maintenant plus pieux que lui. Victor Hugo retournait fréquemment le voir. Ils causaient et discutaient ensemble, et Lamennais lui disait un jour :

— Mettez-vous à genoux.

— A genoux ?... Mais pourquoi ?

— Pour vous confesser !

— Mais je ne veux pas me confesser !

— Il le faut.

— Mais j'ai vingt ans, et je n'ai pas fait ma première communion.

— A vingt-deux ans, moi, je n'avais pas fait la mienne...

Victor Hugo finissait par céder, revenait et se confessait encore. Il exposait ses doutes, ses idées, ses scrupules, opposait ses raisons à celles de l'abbé, mais se confessait quand même, et le temps passait ainsi, lorsque Lamennais, un jour, lui disait brusquement en le voyant s'agenouiller:

— Relevez-vous, et ne vous confessez plus... C'est fini...

Stupéfait, Victor Hugo se relevait, et ce qu'il racontait, à près de soixante ans de là, en s'en rapportant à ses souvenirs, était effrayant.

Lamennais s'était écrié :

— Mon cher Hugo, je n'en peux plus... Je n'ai jamais cru, mais j'ai voulu croire, et j'ai souffert, pendant longtemps, une affreuse torture d'esprit. D'une part, je me sentais incrédule ; de l'autre, j'avais la conviction que je pourrais, en le voulant, cesser de l'être, et j'y voyais un devoir, car tous les miens était pieux et bons, des modèles d'honnêteté et d'honneur, et je les aimais ! Je croyais à une infirmité de mon âme, à une épreuve que m'envoyait Dieu, et je passais ma vie à me combattre moi-même. Je me disais qu'à force de pratiquer je me délivrerais de mon indifférence. A vingt-deux ans, j'ai fait ce que les enfants font à douze, j'ai communié mais sans croire, et en pensant que, peut-être, je croirais après ! Hélas ! la foi ne m'est pas venue... Alors, voyant que pratiquer moi-même ne me guérissait pas, et toujours dominé par l'exemple que me donnait la foi des miens, j'ai voulu faire croire et pratiquer les autres, et je me suis fait prêtre. Oui, je me suis condamné au supplice d'exhorter, d'officier, de prêcher, de confesser, de dire la messe, doutant toujours, mais espérant toujours, sans doute convainquant les autres et ne parvenant pas à me convaincre moi-même... J'ai écrit pour l'Eglise, j'ai parlé et lutté pour elle, j'y ai mis toute ma pensée, toute ma vie, tout mon cœur, toute ma flamme et, si la Religion est vraie, j'ai donné des âmes à Dieu sans pouvoir lui faire accepter la mienne !... Mais, maintenant, c'est fini, je sens que je ne pourrai jamais croire, et l'épreuve, avec vous, a été décisive. Vous ne saviez pas, lorsque vous étiez là, ce qui se passait en moi. Je ne pensais rien de ce que je vous disais, et tout ce que vous me disiez, je le pensais... Ah ! vous souvenez-vous ? Vous êtes venu chez moi, et ce jour-là, déjà, vous m'avez dit des choses qui me donnaient des coups de poing dans la poitrine... Mais, je vous le répète, c'est fini... Je n'en peux plus, et je romprai un jour avec l'Église... Quand ? Je ne sais pas encore, mais je romprai !...

Un aussi terrible drame s'était-il vraiment joué dans la conscience de Lamennais, et cette tempête dans une âme, plus effrayante encore que la *Tempête sous un crâne*, avait-elle réellement traversé sa vie ?

Il ne rompit avec l'Église, en y mettant l'éclat qu'il devait y mettre, que quelques années plus tard. Mais avait-il fait auparavant à Victor Hugo ces consternantes confidences ? Lui en avait-il seulement laissé entrevoir quelque chose qui s'était romanisé avec le temps dans l'imagination du grand poète ? La jeunesse incroyante par laquelle il avait d'abord passé, avant de se convertir lui-même, pour retomber ensuite dans la révolte, ne pouvait-elle pas tout expliquer, et de quoi pourrait-on être surpris par certains temps de bouleversement moral ?

Mais que n'ont pas vu et entendu les habitués de ces soirées de la rue de Clichy et de l'avenue d'Eylau ?... François Coppée me disait un jour en en revenant :

— J'aime beaucoup aller chez Victor Hugo...

Il me semble m'y trouver à la cour de Louis XIV...

Et certains soirs, en effet, par plus d'un beau et grand côté, comme par la saveur et la liberté du pittoresque, on ne sait quoi d'aimable et d'ancien régime vous y faisait penser à la Cour d'un roi de France... Pourquoi l'insanité de l'époque devait-elle en faire d'autres fois la Cour des Miracles ?...

CHAPITRE IV

LE ROI DE LA PRESSE DINE A LA TOUR DE NESLE

I

— Alors, me disait-on chez Tortoni, vous faites un article sur Girardin ?

— Oui.

— Pour une revue ?

— Pour la *Revue bleue*.

— Allez donc voir Esther Guimont.

— Esther Guimont ?

— Mais oui, le Lion.

— Le Lion ?

— Le Lion !...

Disparue de l'actualité parisienne, mais célèbre autrefois dans le monde galant sous le nom du Lion, à l'époque de Louis-Philippe et dans les premières années du second Empire, Esther Guimont avait tenu une place marquée, et la tenait encore, toute vieille et oubliée qu'elle était, dans la vie d'Émile de Girardin. Tortoni n'aurait pas été Tortoni, si elle n'avait pas eu des amis parmi les vétérans du fameux café, et l'un d'eux me menait chez elle après lui avoir annoncé notre visite.

Elle habitait, rue de Chateaubriand, un petit hôtel renfrogné et presque borgne, derrière une petite grille au fond d'une petite cour sombre.

— Savez-vous, me disait mon compagnon en arrivant devant la maison qui avait quelque chose de lugubre et d'un peu louche, savez-vous comment nous appelons ça ?

— Non.

— La Tour de Nesle.

— C'est gai !

— Ah ! dame... C'est que vous savez... Ça n'est pas la maison de tout le monde... Mais nous voilà chez le Lion, et vous allez voir un numéro!

— Pourquoi l'appelle-t-on le Lion ?

— C'était son nom de guerre à la fameuse époque des Lions, et c'était elle-même qui l'avait pris... Elle avait même fait peindre une tête de lion sur la portière de son coupé... Mais sonnons...

Au coup de sonnette, un rideau de couleur se soulevait au premier derrière une vitre, et une vieille domestique venait nous ouvrir.

— Voilà la vieille Blanche, me disait mon compagnon... C'est la cuisinière... Bonjour, Blanche... Madame est là ?

— Oui, Monsieur...

Elle nous introduisait dans un salon dont je ne distinguais pas bien d'abord la disposition, tant il était sombre, mais qui semblait grand et rouge. On n'aurait même pas dit un salon de femme, mais de magistrat ou d'avocat, et je commençais à m'habituer à la demi-lumière de la pièce, lorsqu'entrait une petite vieille, trapue, grisâtre, le dos rond, un fichu sur la tête, les mains dans les poches de son tablier, et qui nous disait bonjour, d'une voix d'homme, en tutoyant le vétéran de Tortoni.

Puis, elle me lançait, d'un air sondeur :

— Alors vous voulez faire un article sur Girardin ?... Qui vous a dit de venir ?

— Mais tout le monde !

Elle hochait la tête :

— Qui ça, tout le monde ?...

Et, sans attendre ma réponse :

— Ah !... C'est qu'en effet je le connais, Girardin... Et un peu !... Et il n'y a même pas que lui sur qui je pourrais être consultée !... Il y en a bien d'autres... On verra ça dans mes *Mémoires*... Et comment le faites-vous, votre article sur Girardin ?... Car il y a Girardin et Girardin... Il y a le Girardin sérieux, et puis le Girardin qui l'est moins, ou qui ne l'est même pas du tout... Il y a aussi le Girardin politique... Ah ! ce Girardin-là... Tenez, je lui ai peut-être sauvé la vie, à celui-là, et vous pourrez le raconter... C'était aux journées de juin, en 1848... On l'avait arrêté... Alors je suis allée trouver Cavaignac... Ah ! Cavaignac, parbleu, je le connaissais bien aussi, Cavaignac, et je ne connaissais même que lui... Enfin j'ai couru le voir, j'ai forcé sa porte, et je lui ai dit : « — Ah ! ça, tu arrêtes Girardin ? — Parfaitement ! — Mais pourquoi ? — Parce qu'il conspire »... Je lui ai répondu : « Il conspire ?... Qu'est-ce que tu nous racontes là ?... Il ne peut pas conspirer, il est toujours seul de son avis ! » Il a ri, et Girardin a été remis en liberté...

Je pensais, en l'écoutant, qu'il eût été vraiment regrettable de ne pas lui avoir fait visite. La figure ridée et moqueuse, la bouche en coup de canif, avec un nez retroussé et cassé qui était un phénomène d'insolence, il y avait dans toute sa personne quelque chose de ramassé et comme d'embusqué qui était unique. Ajoutez une façon de parler qui allait de la bouffonnerie à la tragédie, et des petites mains crispées, molles, tourmentées, tripotantes, des pattes de grenouille qu'elle plongeait fébrilement dans son tablier pour les lever ensuite dans des gestes de mélodrame. Elle avait d'ailleurs un esprit d'enfer, un cynisme amusant, un vitriol gai dont elle inondait tout le monde, et Girardin tout le premier.

— Ah ! celui-là, s'écriait-elle à un moment, j'ai fait sa conquête en le faisant rire... Un jour, il avait laissé deux cents francs sur ma cheminée... Et savez-vous ce que j'ai fait ?... Je lui ai renvoyé ses deux cents francs avec ce billet : « Je ne suis pas pour la presse à bon marché ! »... Allons, finissait-elle par me dire, après avoir méchamment détaillé un Girardin en pantoufles, rapetissé, ridiculisé, gourmand, plein de manies et de sensualités, allons, ce n'est pas ce Girardin-là que vous voulez faire, n'est-ce pas ?... Ce-

lui qu'il vous faut, c'est le Girardin politique...
Hein ?...

Et, passant du ton de la commère de revue à celui de l'homme d'État :

— Ah ! le Girardin politique... Ah ! celui-là...
Ça, c'est toute une époque...

L'article paraissait, égayé de l'anecdote des Journées de Juin, et, le lendemain même, je recevais deux lettres. L'une, d'une écriture microscopique et correspondant exactement à l'expression de « pattes de mouches », était de Girardin. Il m'invitait à venir le voir un matin, à huit heures. L'autre, d'une écriture baroque et grossière, enragée, et comme d'une cuisinière frénétique, était d'Esther Guimont elle-même, du Lion, et tout ce que je parvenais à y déchiffrer, en dehors de la signature et d'innombrables points d'exclamation, où se devinaient des cris de joie d'avoir, comme on dirait aujourd'hui, reparu sur l'écran, c'est qu'elle m'y tutoyait. Elle ajoutait même, en *post-scriptum* : « Je te tutoie, je te fais Grand d'Espagne ! »

Comme celles de Thiers, les habitudes matinales d'Émile de Girardin étaient légendaires. Il passait pour être invariablement debout à quatre heures et avoir écrit son article à six, et je devais me féliciter de n'avoir pas été convoqué deux heures plus tôt. Il habitait, dans le même quartier que le Lion, un hôtel princier, donnant d'un côté rue La Pérouse et de l'autre avenue Kléber. On avait l'impression d'entrer dans un ministère. Un huissier, au-dessus du perron, écartait

devant vous les deux battants d'une haute porte
vitrée ouvrant sur une vaste antichambre ornée
du célèbre groupe de Clésinger, *la Femme en
marbre blanc*, et où se pressait chaque matin, au
pied d'un imposant escalier, un défilé de visiteurs de toutes les classes, chroniqueurs, reporters, artistes, acteurs, actrices, gens de bourse,
feuilletonistes, prêtres, hommes politiques.
C'était la maison de l'ancien Romain aux
marches encombrées de clients. On inscrivit
mon nom sur un papier, un domestique le monta,
me fit ensuite monter moi-même et m'introduisit
dans une grande pièce carrée, toute tapissée de
livres, où se tenait debout un vieillard solide au
regard dévisageur, en froc de capucin. Avec son
œil perçant et bigle dans sa figure rasée, marquée d'une mèche au milieu du front, il vous
faisait penser à un vieux Napoléon strabite déguisé en moine, et je ne reconnaissais pas d'a-
bord en lui le visiteur en habit de soirée et cra-
vaté de blanc que je voyais quelquefois chez
Victor Hugo.

— Bonjour, me dit-il, très pressé en me tendant un doigt... Voulez-vous écrire à *la
France ?*... Oui... Très bien... Vous ferez des portraits... Comme vous voudrez, et de qui vous
voudrez... Et vous allez commencer tout de
suite... Une colonne et demie... Quinze centimes
la ligne... C'est ce que je me paye moi-même
pour mes filets... Un article par semaine... Seulement, il faudra plaire... Si vous ne plaisez pas,
vous n'écrirez plus le lendemain... Maintenant,

revenez me voir souvent, mais toujours le matin, de sept à huit, pas plus tard...

Et, me tendant encore le doigt :

— *Addio...*

Je n'étais pas resté cinq minutes, et je revenais deux jours après, à huit heures, avec mon article.

— De qui le portrait ? me demandait-il dans son froc, en jetant mon article sur son bureau.

— De Gambetta.

— Très bien !... Gambetta... Il gagne de plus en plus comme politique, mais de moins en moins comme homme du monde... Après le dîner, il remet ses gants pour fumer son cigare... C'est grotesque... Il paraît qu'il se lave maintenant les mains toute la journée... C'est trop... Il se rattrape... Allons, vous passerez demain... A la semaine prochaine... *Addio...*

La semaine suivante, je revenais avec un nouveau portrait, et il me demandait, en le jetant encore sur sa table et en me tendant encore un doigt :

— De qui ?

— Du père Hyacinthe.

— Du père Hyacinthe... Parfait !... Ça va... A propos, Gambetta n'a pas été content... Mais ça n'a pas d'inconvénient... En général, les portraits qui plaisent aux modèles ne plaisent pas au public, et il vaut mieux plaire au public et déplaire aux modèles que plaire aux modèles et déplaire au public... Et puis, e pauvre Gambetta n'en a probablement pas pour bien longtemps...

Il dînait hier soir chez madame Adam, et il devient, tour à tour, blême et cramoisi quand il a mangé... Ce garçon-là doit avoir une mauvaise circulation du sang... Nous allons, un de ces jours, l'emballer comme un colis... *Addio*.

Lorsque je retournai voir Esther Guimont, elle m'accueillit avec une exclamation triomphante :

— Ah ! me cria-t-elle dans un de ces grands gestes de théâtre qu'elle se vantait de tenir de Rachel, dont elle disait avoir pris des leçons, ah ! te voilà... Ah ! j'ai lu ton article de la *Revue bleue*... Ah ! tu m'y fais figurer avec mon histoire sur Cavaignac, et c'est bien gentil d'avoir fait ça... Il y avait assez longtemps qu'on n'avait plus parlé de moi... Et puis, te voilà à *la France*... Girardin t'a écrit, tu es allé chez lui... Je suis au courant, je sais tout !

Et, de son air sondeur, avec ses yeux en vrille, son nez cassé, ses petites mains tripotantes dans les poches de son tablier, en me tutoyant toujours comme une vieille connaissance :

— Alors, tu as vu Girardin ? Il te plaît ?

— Pourquoi pas ?

Et elle recommençait à s'exclamer :

— Ah ! Girardin, parbleu !... Girardin, c'est Girardin !... Maintenant, tu sais, il y aurait bien aussi des petites choses à dire sur lui... Oh ! des petites choses, des petites choses, pas des grosses... Mais je te lirai mes *Mémoires*... Tu verras... Ah ! ça... Tu ne m'en veux pas de te tutoyer... Hein ?... Ah ! moi, vois-tu, c'est

comme ça, les gens qui me plaisent, je les tutoie... Alors, comme tu me plais, je te tutoie...
Je te l'ai écrit, je te fais Grand d'Espagne !... Allons, causons... Mais oui, mais oui, je te lirai
mes *Mémoires*, et ils t'amuseront... Dame ! Je
n'y fais pas l'éloge de tout le monde, et il y a
des gens que je me charge d'habiller... Je les
soigne... Mais Girardin, voyons, Girardin...

Et elle passait à d'autres de ses amis, à Sainte-
Beuve, à Roqueplan, à Dumas fils, à Arsène
Houssaye, au prince Napoléon. Elle me parlait
même de Guizot, et tout le Vapereau, ou peu s'en
fallait, défilait dans ses exclamations et ses saillies. Je la quittais un peu étourdi, mais curieux
de la revoir encore, et chaque semaine, au jour
fixé, j'allais porter mon article à Girardin. Toujours pressé, dans son froc, avec sa mèche sur le
front, assailli par sa clientèle de reporters,
d'hommes politiques, de romanciers, d'actrices,
d'annonciers et de financiers, qui attendaient
leur tour d'audience autour du groupe de Clésinger, il me recevait toujours avec bienveillance,
mais toujours aussi avec un laconisme où il ne
paraissait pas plus disposé à vous parler en dix
mots, là où il n'en fallait que cinq, qu'il n'aurait
voulu payer vingt francs ce qui en valait dix, et
où il lançait des axiomes et des paradoxes décon-
certants :

— De qui aujourd'hui votre portrait ?...
Bon... Ça va... C'est actuel... Faites qui vous
voudrez, et comme vous le voudrez... Seulement,
tâchez de plaire... Et puis du nouveau, et pas de

préjugés... Il n'y a pas d'hommes plus intelligents ni plus forts que d'autres, il n'y en a que de plus heureux... Un journal qui paraît tous les jours ne doit pas avoir de scrupules... La presse vit de publicité comme la fille de prostitution... Allons, à la semaine prochaine... Tout ce que vous voudrez, et comme vous le voudrez... Mais du nouveau, de l'actuel, et surtout ne déplaisez pas... Pas de préjugés... *Addio...*

II

« Viens dîner... Tel jour... Telle heure... Le grand Emile y sera... Arsène Houssaye aussi... Et d'autres... Viens, je compte sur toi... »

Je recevais un jour cette invitation, dont j'arrivais à reconstituer certains membres de phrases à travers le chaos de l'écriture enragée et des points d'exclamation.

Dîner avec Girardin chez le Lion, à la Tour de Nesle !... Pour rien au monde, je n'aurais manqué une pareille partie, et je me rendis, le soir indiqué, dans le petit hôtel où se trouvaient déjà quelques convives : un homme d'un certain âge, décoré, colonel dans une garnison voisine de Paris, accompagné d'une jolie personne, et une grande et remuante vieille dame, d'une maigreur de squelette, redoutablement maquillée, avec des yeux noirs flambant sous le fard, accompagnée d'un jeune homme. C'était la fameuse S..., une cantatrice illustre sous Louis-Philippe, et qu'on pouvait croire morte depuis plus de vingt ans. Deux ou trois autres messieurs, dont Arsène Houssaye, arrivaient ensuite, et un dernier coup de sonnette annonçait bientôt « le grand Emile », à l'entrée de qui Esther se levait dramatiquement pour le recevoir avec honneur. Comme chez Victor Hugo, il était en habit et en cravate blanche, mais avait un air plutôt familier, à demi-gai, et comme vaguement narquois. Il n'était ni le Girardin sévère de chez le grand homme, ni le Girardin pressé et laconique qui vous recevait chez lui en capucin, mais un troisième Girardin qui ne tenait presque plus ni de l'un ni de l'autre, et qui donnait raison à la vieille Esther quand elle vous disait, d'un air entendu, qu'il y avait « Girardin et Girardin ». Toujours concis, d'ailleurs, il distribuait aux invités des compliments qui ne dépassaient pas les dents. Puis, on servait le dîner, le colonel offrait le bras à la maîtresse de la maison, Girardin à la vieille cantatrice, Arsène Houssaye à la jolie compagne du colonel, et nous nous mettions à table.

Ah ! l'inoubliable dîner... La salle à manger, comme le salon, vous frappait d'abord par l'absence de toute espèce de note indiquant la maison d'une femme. On pouvait toujours se croire chez un notaire ou un médecin. Les convives, en petit nombre, occupaient des places largement espacées, et la vieille Esther, au milieu d'eux, en face de Girardin, pontifiait à une place encore plus largement éloignée des autres où elle trônait, avec son dos rond, son œil myope, sa bouche en coup de canif et son nez cassé. Deux manches à coulisses étaient posées d'un côté à portée de sa main et, de l'autre, sur une serviette, s'étalait, comme une trousse de chirurgie, tout un appareil de découpage, car elle découpait tout elle-même, et semblait, dans ces moments-là, procéder à un véritable rite. Le domestique lui passait aux bras les manches à coulisses. Puis, avec une gravité grimaçante, mais à laquelle elle donnait quelque chose de religieux, elle choisissait dans la trousse l'instrument commandé par la volaille ou le gigot, et attaquait la pièce résolument, d'un geste à la fois énergique et tremblotant, sous lequel elle avait l'air de commettre un assassinat. Ensuite, l'assassinat consommé, elle détachait, méticuleusement, un petit morceau de la victime et l'envoyait à Girardin qui le goûtait et le regoûtait, faisait claquer et reclaquer sa langue, se recueillait, et déclarait enfin le marcassin ou le dindon bon ou médiocre, ordinaire ou succulent. Au dernier service, un pâté truffé fit sensation. Il en fusait un tel baume que toute la table en jetait un cri, et le Lion, son couteau à la main, ses manches à coulisses autour de ses bras levés en l'air, avec un de ces grands gestes qui lui venaient des leçons de Rachel, lançait avec enthousiasme l'adresse d'un marchand de foies gras de Colmar !

Après le dîner, on repassait au salon, et la soirée s'achevait dans une gaieté plutôt libre. Arsène Houssaye, avec l'antique jeunesse de ses soixante-dix ans et l'épanouissement de sa belle barbe fleurie presque aussi digne que celle de Charlemagne d'être chantée dans *la Légende des Siècles*, abondait en souvenirs galants et assaisonnait ses anecdotes de cette forte et redoutable haleine pour laquelle il était aussi célèbre que pour l'élégance de son esprit. La vieille cantatrice se pâmait de gaîté et riait de ces historiettes à râtelier déployé. Le Lion, dans les intervalles, nous fusillait de ces tutoiements qui nous faisaient tous Grands d'Espagne, et Girardin lui-même se montrait presque de belle humeur, mais d'une belle humeur où persistait cependant l'habitude du commandement, et, à onze heures sonnantes, il se retirait à l'anglaise, sans attendre une seconde de plus.

— Eh ! bien, me demandait Esther Guimont après son départ, qu'est-ce que tu en dis, du grand Emile ?... Il est peut-être quelquefois un peu pompier, n'est-ce pas ?... C'est son genre... Et quand viens-tu pour que je te lise mes *Mémoires*... Tu verras... Ils t'amuseront...

Malgré la gaieté générale, toujours des plus libres, un mouvement de retraite se dessinait vers minuit. On se levait pour s'en aller, et Esther Guimont s'approchait du colonel en lui parlant à l'oreille :

— Dis donc, écoute.

— Bon, bon... Oui, oui... Comme d'habitude.

— Ça ne te fâche pas ?

— Mais non, mais non !

Elle parlait ensuite de même à la jolie dame, à la cantatrice, à Houssaye, à tous les invités :

— Dis donc...

— Oui, oui... Entendu... Entendu... C'est compris...

Enfin elle venait à moi, et je me demandais ce qu'elle pouvait bien confier ainsi à tout le monde, et la confidence qu'elle allait me faire à moi-même, quand elle me disait à l'oreille :

— Écoute... As-tu du cœur ?

— Mais je l'espère.

— Alors tu donneras vingt francs à ma cuisinière en t'en allant...

Quelques instants plus tard, nous quittions tous la Tour de Nesle, la vieille Blanche nous attendait à la porte pour nous saluer, et chacun lui remettait discrètement son louis.

III

Les *Mémoires d'Esther Guimont* !... Je pensais, en effet, qu'ils m'amuseraient, mais je ne devais pas les entendre, et ce que j'en apprenais devait même marquer ma dernière visite à la Tour de Nesle.

Comme toujours, à mon coup de sonnette, le petit rideau de couleur se soulevait derrière la vitre, et la vieille Blanche arrivait m'ouvrir la grille, mais me faisait monter dans une pièce où se trouvait une bibliothèque, et où, sans voir d'abord personne, je reconnaissais une voix qui me criait à mon entrée :

— Ah ! te voilà... Justement, je t'attendais... Ah ! mes *Mémoires*... Je suis en train de les chercher...

A genoux sur le parquet, et cachée par une grande table, elle était en train de fouiller dans le bas d'un meuble vitré, se relevait au bout d'un instant avec un paquet ficelé, et me disait en le posant sur la table :

— Tiens, les voilà, mes *Mémoires*, les voilà !... Tiens, regarde...

Et, déficelant le paquet, tripotant les feuillets :

— Tiens, voilà mes débuts, quand j'étais dans un atelier de couture... Ah ! la couture... Ça ne m'allait pas, la couture !... Maintenant, voilà mes amis... Voilà Sainte-Beuve, voilà Musset, voilà Roqueplan, voilà Jérôme... Et voilà même un billet de Hugo... Écoute-le, il n'est pas mal : « A quand le Paradis ?... Voulez-vous lundi ? Voulez-vous mardi ? Voulez-vous mercredi ? Craignez-vous le vendredi... ? Moi, je ne crains que le retard !... » ...Ah ! j'en ai, j'en ai... Ah ! ce que j'en ai !... Et ce que c'est loin... Mais, tiens... Voilà une canaille... Ah ! ce monsieur-là par exemple... Ah ! je le soigne !... Et celle-là, la Comtesse de... Ah ! celle-là... Ah ! je la soigne aussi...

Puis, elle s'attendrissait subitement en tombant sur Dumas fils :

— Ah ! Un brave homme, Dumas... Tu sais !
Ah ! Dumas... Ah ! Alexandre... Ah ! celui-là,
par exemple, je l'aime bien... Pauvre Dumas !...
Pauvre Alexandre !... Il a été si malheureux... Il
a tellement souffert quand il était enfant !... Tu
as bien lu *l'Affaire Clemenceau*, et tu te souviens
bien du petit collégien ?... Eh ! bien, c'est lui,
le petit collégien, c'est son histoire... On l'avait
mis en pension, il y était comme abandonné,
et nous étions seulement deux ou trois amies de
son père qui allions l'y consoler de temps en
temps... Et il était si gentil !... Et malheureux,
et malheureux !... Il pleurait, il pleurait !...
Pauvre petit !... Alors, quelquefois, nous le fai-
sions sortir, ou nous lui remontions le moral
avec des gâteaux. Nous l'avons empêché de crever de chagrin... Mais tu verras, je te lirai tout
ça... Ou plutôt, non, je ne pourrai pas te le lire,
mais tu verras tout de même, je te raconterai...
Enfin je te dirai... Et puis, tu sais, *la Dame aux
Camélias*... Tu te souviens bien aussi du cinquième acte ?... La scène où elle meurt ?... Eh !
bien, là-dedans, celle qui meurt, sais-tu qui ça
est ?... C'est moi !... C'est moi qu'il fait mourir
dans cette scène-là !

Et, lâchant les papiers, enthousiaste et croi-
sant les bras :

— C'est moi!... C'est moi!... Parfaitement !...
Figure-toi que j'étais malade, je faisais une
fièvre typhoïde, et il se trouvait là pendant une
de mes syncopes... Ah ! dame, c'est qu'il n'est
pas ingrat, c'est un cœur, et il se rappelait mes

gâteaux... Il se les rappelle même encore, et il m'en reparlait l'autre jour... Alors, il était venu me voir, il s'était assis près de mon lit, il ne me quittait pas de l'œil, et sais-tu ce qu'il me disait tout à coup en me voyant revenir à moi ?... Il se levait, et il s'écriait en me prenant les mains : « Je tiens mon cinquième acte ! »... Ah ! tu sais, je peux en raconter, et je t'en raconterai, j'en connais... Mais écoute, tiens... Tout ça n'est même rien encore, rien du tout...

Et elle se croisait de nouveau les bras, me regardait de ses petits yeux gouailleurs, et, arrondissant son dos :

— Tâche seulement de deviner par qui j'ai été lancée... Allons, tâche de deviner... Devine... Allons, allons, devine... Sais-tu par qui ?... Par G... !...

— Hein ?...

— Par l'illustre G... Oui mon cher !... Ah ! ça te fait rire. Mais c'est comme je te le dis... J'avais vingt ans, et j'étais à ce moment-là dans mon atelier de couture... Ah ! la couture... La couture ! Ah ! quand je me la rappelle, la couture !... C'est ça qui ne m'allait pas, la couture ! Ah ! non, la couture, la couture... Non, pas la couture !...

Elle m'avait lâché le nom d'un célèbre homme d'Etat, particulièrement cité pour son austérité, et dont le souvenir, à cet égard, s'auréolait même d'une légende. Me figurer cet illustre et vénérable honnête homme, l'une des plus respectables physionomies de notre histoire contemporaine,

détournant une jeune ouvrière de la couture pour
la lancer dans la galanterie, m'abasourdissait un
peu, et je demandais au Lion, pour être mieux
fixé, de me lire le passage de ses mémoires où se
trouvait raconté ce détournement de couturière.
Mais elle hésitait, tergiversait, feuilletait ses papiers, les refeuilletait, les remettait en ordre et,
comme j'insistais, finissait par me dire :

— Te lire... Te lire... Mais que veux-tu que je
te lise ? Pour te lire quelque chose, il faudrait
d'abord que ça ait été écrit !

— Comment, ça ne l'est pas !

— Mais non, ça ne l'est pas !

Et elle s'emportait :

— Ecrire, mais écrire, ça n'est pas mon affaire... C'est comme la couture, ça ne me va
pas... Et c'est même dommage, car, si je savais
écrire, il y aurait là-dedans des passages... Ah !
mais, des passages... Tiens, même sur Girardin...
Ça. Girardin, tu sais... Girardin !... Girardin !...
Croirais-tu, entre nous, qu'il ne m'a jamais
donné que mille francs par mois, et que, pour
mon roulage, il n'a jamais fait que me repasser
ses vieux coupés... Hein ?... Est-ce que c'est joli,
ça ?... Ah ! oui, si je savais écrire... Seulement,
voilà, je ne sais pas, et il faudra qu'on m'aide...
Autrefois, parbleu, on m'aidait, et Sainte-Beuve
m'a bien donné un coup de main. Roqueplan
m'en a bien donné un autre.. Mais qu'est-ce que
tu veux ?... Sainte-Beuve est mort, Roqueplan
est mort, personne n'est plus là pour me blan-
chir... Tout le monde est mort...

Et, les coudes dans ses papiers, en me regardant fixement, elle m'envoyait cette bordée :

— Veux-tu être mon blanchisseur ?

Je m'attendais à la bombe, et je la laissai passer sans avoir l'air de l'entendre. Les fameux *Mémoires* étaient à rédiger, et il y avait là, pour un jeune homme, un joli travail, et honnête ! Sainte-Beuve et Roqueplan avaient-ils vraiment « blanchi » leur amie Esther ? Trissotin et Vadius seront toujours, comme rosserie, capables de tout, et peut-être avaient-ils bien en effet « aidé » le Lion, pour se « soigner » mutuellement, au moyen de sa griffe. Mais je n'avais pas envie de les imiter, je ne songeais plus qu'à me tirer de la Tour de Nesle, et il y avait peut-être huit jours que j'en avais repasssé la grille pour ne plus revenir y sonner, lorsque la poste m'apportait une lettre à grande écriture tremblotée et exaltée : « Ah ! ça, qu'est-ce que tu fais ?... Et mes *Mémoires* ?... Que deviens-tu ?... Où as-tu disparu ?... Quand te voit-on ? On ne te voit plus »... Le tout criblé d'une grêle de points de suspension et d'exclamation. Mais je ne répondais pas. Huit jours plus tard, nouvelle lettre : « A quoi penses-tu ?... Et mes *Mémoires* ?... Estu mort ?... » Mais je continuais à ne pas répondre. Alors, le Lion gardait le silence. Il avait compris, et les gribouillages enragés ne m'arrivaient plus.

Chaque semaine, cependant, je retournais porter mon article à Girardin, et il me recevait toujours avec le même laconisme plutôt aimable :

— De qui le portrait ?... Bien... Ça peut aller...
C'est de l'actuel... Très bien.. Mais du nouveau,
du nouveau... Allons, à la semaine prochaine...
Addio...

Quelquefois j'essayais de le consulter, mais il
m'arrêtait net :

— Non.. Pas de consultation... Je veux, pour
certains articles avoir une impression de lec-
teur... Si je donnais des conseils, je ne l'aurais
plus...

Et je redescendais. Je retraversais le groupe
des feuilletonistes, des boursiers, des acteurs,
des actrices et des députés qui attendaient au bas
de l'escalier, devant *la Femme en marbre blanc*
de Clésinger.

Quant à Esther Guimont et à son dîner, jamais
l'ombre même d'une allusion n'y était faite.
J'en arrivais à me demander s'il avait réellement
eu lieu, et si le Girardin du matin habillé en
moine était bien le Girardin du soir que j'avais
vu goûter le rôti en claquant des dents, quand
il me convoquait d'urgence pour un matin, toujours entre sept et huit, et m'annonçait sans
préambule :

— Votre dernier article a déplu... Vous n'écrirez plus à *la France*.

J'essayais d'obtenir une explication, mais il se
bornait à me répéter :

— Vous avez déplu...

— Mais...

— Vous avez déplu...

— Mais...

— Je vous avais prévenu, il ne fallait pas déplaire... Un article est fait pour un journal, le journal est fait pour le public, et il ne faut pas déplaire au public... L'article n'a même pas à être bon ou mauvais : bien fait ou mal fait, il n'a qu'à plaire...

Ni dans son ton, ni dans sa physionomie, il n'y avait d'ailleurs aucune animosité, et son regard, d'abord froid, était devenu plutôt bienveillant. Il m'invitait même à causer pendant un instant, ce qu'il n'avait encore jamais fait, puis me disait en se levant :

— Allons, nous nous reverrons peut-être... *Addio*...

Et il ne me tendait pas seulement le bout du doigt, mais la main.

Je ne pouvais avoir aucun doute sur le motif de mon congé, et je n'avais, en réalité, ni « plu », ni « déplu », mais simplement indisposé contre moi la terrible Esther. Je m'étais attiré la vengeance du Lion... Deux ou trois fois, les mois suivants, je rencontrai Girardin aux soirées de Victor Hugo, et, sous son masque froid et rasé, il était toujours plutôt aimable, de son amabilité contenue, mais avec un air de mystère. Il ne me regardait pas come il regardait tout le monde, et les journaux, un matin, annonçaient à la fois la mort et les obsèques d'Esther Guimont. On lisait quelques lignes vagues et banales sur son âge, son ancienne célébrité, l'oubli où elle était tombée, et c'était tout. De ses *Mémoires*, on ne soufflait pas un mot, et presque personne n'était venu à son enterrement. Un nom célèbre, cependant, mais un seul, celui d'Alexandre Dumas fils, se remarquait dans la petite assistance. Girardin n'y était pas cité...

Par hasard, et aussi un peu par curiosité, à quelques jours de là, je remontais la rue de Chateaubriand, lorsqu'en passant près du petit hôtel enfoncé au fond de la petite cour, je voyais la vieille Blanche devant la grille.

— Tiens, lui dis-je... Bonjour, ma pauvre Blanche.

— Bonjour, Monsieur.

— Alors, Madame est morte ?

— Mais, mon Dieu, oui, Monsieur.

— J'ai vu, par les journaux, que M. Alexandre Dumas était à l'enterrement.

— Oh ! oui, Monsieur, il n'y a pas manqué, lui.

— Mais est-ce que M. de Girardin n'y était pas ?

— Il était malade, Monsieur, mais il était venu les jours précédents et, le lendemain de la mort de Madame, il avait même passé toute la journée à la maison... Il n'avait pas quitté la bibliothèque...

La vieille Blanche se doutait-elle de ce qu'elle me disait ?... Je ne pouvais pas ne pas revoir, dans tous les cas, le vieux Lion tripoter le paquet de feuillets qu'il avait tiré devant moi du bas du meuble vitré pour le jeter sur la table de la bibliothèque où Girardin devait ensuite passer une journée. Qu'étaient devenus les *Mémoires,* les fameux Mémoires ? Etaient-ils à l'ombre ? Avaient-ils disparu ?... N'avaient-ils pas été prudemment détruits ?... Je me le demandais, et je devais même me le demander encore, quelques années plus tard, en lisant dans un curieux volume nouvellement paru, les *Indiscrétions contemporaines* de Joseph d'Arçay, un chapitre où l'Esther Guimont dont j'avais vu les grimaces de près et dont j'avais encore les exclamations dans les oreilles était représentée comme « ayant eu des relations importantes avec des hommes d'Etat ».

Un de ces mots dont fourmillait sa conversation, et qu'elle m'avait lancé en me racontant son aventure de couturière avec un homme d'État illustre, me revenait alors à l'esprit.

— Ah ! tu sais, m'avait-elle crié avec un de ses gestes à la Rachel, ah ! tu sais... C'est que mes *Mémoires*, à moi, ne sont pas les Mémoires que tu pourrais croire, des Mémoires de... Ce sont des Mémoires d'homme politique !

Et le mot qu'elle avait lâché ne faisait pas partie du vocabulaire usité dans les parlements et les académies... Mais qu'était, au vrai, cette aventure ? Qui le sait ? Qui le dira ?... Ah ! Sainte-Beuve ! Ah ! Roqueplan !... Ah ! la couture !... Ah ! l'Histoire !...

J'ai maintenant parfois l'occasion de revenir flâner dans cette partie du quartier des Champs-Elysées dont certaines rues me rappellent ainsi des souvenirs préhistoriques. J'y retrouve, sur l'avenue Kléber, les hautes et nombreuses fenêtres des grands salons princiers du palais de la rue La Pérouse. Il me semble y revoir dans le vaste vestibule, au pied du grand escalier et du groupe de *la Femme en marbre blanc*, les boursiers et les journalistes remettre leur carte à l'huissier. De l'autre côté de la place de l'Etoile, j'aperçois les tournants de la petite rue de Chateaubriand, où la Tour de Nesle a été démolie pour être remplacée par une maison moins menaçante, mais où je la revois toujours vous guettant du fond de sa cour sombre. Je repasse aussi, tout à côté de là, devant le vieil hôtel de l'avenue de Friedland où l'aimable Arsène Houssaye donnait ses fêtes. Je me le rappelle également contant ses croustilleuses anecdotes et, lorsque je songe à la fameuse haleine dont il les parfumait dans sa barbe à la Charlemagne, je ne remarque jamais, sans en rire un peu, qu'on a donné son nom à une rue voisine appelée auparavant la rue du Bel Respiro... Qui donc a prétendu que l'Administration n'avait pas d'esprit ?

Mais comment, avec le fracas et l'étourdissement qu'est devenue la presse d'annonces et de nouvelles créée par le seigneur de la rue La Pérouse, comment, avec la puissance retentissante qu'elle est à cette heure, Paris n'a-t-il pas son avenue ou son boulevard Emile de Girardin ? Comment même n'y voit-on pas déboucher une petite impasse mystérieusement inquiétante, et portant le nom de l'Impasse du Lion ?...

CHAPITRE V

DU PARNASSE AU CALVAIRE

I

Je n'allais guère chez Victor Hugo sans y rencontrer Catulle Mendès, et il m'avait invité aux réunions qu'il donnait chez lui rue de Bruxelles. Elles étaient le centre de ce qu'on appelait le Parnasse, et composaient un cénacle peu ordinaire pour la camaraderie littéraire de leurs habitués, et leur délire des beaux vers et de la belle prose. On s'y embrassait de joie et on y dansait d'enthousiasme à la lecture d'un morceau bien rimé ou bien enlevé, et plus de cinquante ans ont beau s'être écoulés depuis celle que nous y fit un soir Léon Cladel de *L'Homme de la Croix-aux-Bœufs*, j'entendrai toujours les cris d'admiration que nous arrachait ce chef-d'œuvre de saveur rustique. Nous étions éblouis par ce merveilleux récit de village, aussi ensorcelant par l'art qui en rayonne que par la réalité qu'il respire, et qu'embellissaient encore l'accent et la rudesse de terroir avec lesquels il était lu. La chambre où nous étions empilés pour l'écouter était trop petite pour y promener l'auteur sur nos bras, mais on l'y aurait certainement porté en triomphe, si elle avait été plus grande.

Excepté pour certaines lectures qui attiraient ainsi une assistance plus nombreuse, on se réunissait d'ordinaire dans la petite salle à manger où étaient servis des bocks apportés d'une brasserie voisine. On voyait là, dissertant, plaisantant et buvant autour de la table, Léon Dierx, Henry Roujon, Mérat, Cladel, Léon Valade, Villiers de l'Isle-Adam, et d'autres. Mendès était cordial et accueillant, plein de verve et de gaieté, mais tenait à régenter et à dominer, à donner le ton et, comme on dit, à conduire le bal. Dierx était modeste et songeur, Valade aimable et fin. Cladel, rude et brave homme, avec sa figure agreste et sa chevelure inculte dont les habitués du Boulevard disaient qu'elle était la consolation des chauves, bousculait plus ou moins tout le monde. Roujon, le futur directeur des Beaux-Arts, alors simple employé au Ministère de l'Instruction publique, mais chroniqueur de talent, passait avec entrain de l'enthousiasme à la blague, et Villiers de l'Isle-Adam ne cessait de goguenarder avec ce rire de basse-taille dont il accompagnait les saillies d'un humour où il mêlait le calembour à la philosophie, et qui lui avait fait répondre un jour à l'un des directeurs du *Gil Blas*, l'excellent M. Courbouleix :

— Cher Monsieur Courbouleix, je vous remercie bien de vos observations et je retiendrai avec religion l'avertissement que vous me donnez de faire des articles gais ou de ne plus en faire du tout... La loi est dure, mais elle est la loi... *Courbouleix, sed lex !*

Un soir, il nous annonçait avec le même rire comment son Tribulat Bonhomet, le héros du roman fantastique et satirique qu'il était en train de méditer, entrait au Paradis en s'inclinant profondément et en disant à Dieu avec vénération :

— Pardon, Seigneur, excusez-moi !... Mais est-ce à Dieu ou bien à Boieldieu que j'ai l'honneur de parler ?

Les réunions se passaient ainsi à faire des lectures ou à réciter des poésies, à imaginer des farces ou à débattre des questions de prosodie, en absorbant des bocks. Puis, tout en plaisantant ou en pontifiant, Mendès, à un moment, lançait un coup de pied sous la table, d'où surgissait comme d'une trappe un petit homme chauve et barbu dans un vieil habit à queue. C'était le bon Albert, le domestique du Parnasse. Il assistait de là-dessous aux controverses poétiques, se tenait silencieusement dans sa cachette, et n'en sortait, au coup de pied convenu, que pour remporter les bocks vides, les descendre et les remonter pleins. Il faisait la joie du cénacle et, un jour qu'on allait aux environs de Paris déjeuner dans un cabaret de village, on l'emmenait pour s'y faire servir par lui. Le fidèle Albert, seulement, adorait la campagne et ne pouvait pas la voir sans oublier tout le reste : il passa la journée à courir les champs dans son vieil habit à queue.

Mais le Parnasse n'avait pas qu'un domicile, et il tenait aussi ses assises chez mademoiselle Holmès, où Mendès se trouvait également un peu chez lui. Avec le souvenir de sa grande et juste notoriété de compositeur et de pianiste, mademoiselle Augusta Holmès a laissé celui d'un charme et d'un esprit appréciés de tous ceux qui l'ont connue. Belle et d'une aimable simplicité sous une physionomie plutôt fière, enthousiaste d'art et de poésie, et indépendante par sa fortune, comme aussi malheureusement un peu trop par ses idées, elle avait cédé à une séduction dont Catulle Mendès avait le don, et associé son existence à la sienne. Toute la petite société de la rue de Bruxelles se réunissait aussi chez elle, mais s'y revoyait dans le salon d'une femme riche et bien élevée, au lieu de s'y rencontrer dans la garçonnière encombrée de livres et de papiers où le brave Albert apportait des bocks. On se retrouvait là dans la même atmosphère de littérature et de paradoxes, mais dans un cadre plus élégant, et où vous attiraient, en outre, le talent et le renom de musicienne de l'hôtesse. Quand on s'y était déjà grisé de vers, de proses et de ces audacieuses ou joyeuses controverses où Cladel jetait ses rudesses et que Villiers de l'Isle-Adam accidentait de son humour, elle s'asseyait à son Pleyel et, au milieu des cris ou des silences d'admiration, vous enivrait par la délicatesse ou la vigueur de son jeu, et les emportements de virtuosité ou de rêve qui pouvaient rappeler ceux de Liszt. Mendès, alors, remerciait autant qu'il applaudissait, et jouissait des acclamations comme si elles s'adressaient à lui. Elle rayonnait de même, à son tour, mais plus discrètement, aux serrements de mains et aux louanges avec lesquels on accueillait les odes et les sérénades de son poète, comme si elles contenaient aussi quelque chose pour elle.

Etait-elle vraiment, comme on le racontait, la fille d'Alfred de Vigny ? Peut-être n'avait-on pour raison de le croire que l'affectueuse et poétique protection qu'il lui avait témoignée dans son enfance, et que rappelaient de paternelles et charmantes dédicaces inscrites sur les volumes de vers jadis offerts par lui à la jeune fille, et pieusement conservés par elle. Tout, d'ailleurs, chez mademoiselle Holmès trahissait une origine aristocratique, comme tout dénotait chez Mendès une origine inférieure malgré tout ce qu'il avait de talent, et l'association de ces deux êtres, visiblement séparés à certains égards par un abîme, n'était pas la moindre étrangeté de cette société de littérature. On sait par quels liens sont attachés l'un à l'autre le magnétiseur et la somnambule. On en voyait quelque chose chez eux. Il y avait, dans leur rencontre, un fascinateur parti de bas et une fascinée venue de haut.

Le poète des *Soirs moroses* et du *Soleil de Minuit*, et le conteur et le romancier de tant de contes et de romans pleins de séduction litté-

raire, mais où s'affiche comme une mission
d'immoralité et quelquefois même de souillure,
restera une des physionomies les plus caractéris-
tiques de l'époque. Il devait avoir alors largement
franchi la trentaine, s'il n'approchait pas de la
quarantaine, passait pour avoir été un jeune
homme d'une beauté troublante, et était encore
joli homme, avec sa chevelure élégamment né-
gligée, d'un blond doré, et sa figure qui visait
à celle d'une sorte de Christ, mais d'un faux
Christ, d'un Christ suspect, d'un Christ de Cabaret. Personne n'était d'ailleurs plus accort,
meilleur camarade et n'avait plus d'allant, d'entrain, de vaillance au travail, et n'abattait aussi
brillamment autant de contes, de romans, de
chroniques et de critiques théâtrales, mais en y
poursuivant toujours, ouvertement ou non, son
infatigable propagande de démoralisation, l'espèce d'apostolat pornographique auquel il s'é-
tait voué. Je l'entendais, un soir, s'exclamer avec
une joie triomphale devant le spectacle d'une ter-
rasse de café ou s'étalait un honteux sans-gêne :

— Ah! que c'est bien!... Ah! que c'est beau!...
Ah ! quelle facilité de mœurs !

Fait curieux à noter : Mendès était franc-maçon, et un franc-maçon qui recrutait avec zèle
pour la Franc-Maçonnerie, comme le prouve une
lettre où Guy de Maupassant lui refusa d'entrer
dans la secte. Lettre datée d'octobre 1876, écrite
sur papier à en-tête du Ministère de la Marine,
révélée en partie quelques années plus tard par
un catalogue de vente de chez Dorbon, et récem-

ment publiée en entier par *le Figaro* [1]. Autre fait à retenir : à l'époque même où Mendès était l'une des grandes vedettes littéraires du *Gil Blas*, et où il y publiait des contes dont l'immoralité dépassait tout, le rédacteur qui y rédigeait le bulletin politique était Adrien Duvand, l'un des hauts dignitaires du Grand-Orient. Autre chose encore à remarquer : Catulle Mendès, franc-maçon militant, et recrutant pour la Franc-Maçonnerie, ne figurait dans aucun annuaire, aucun bulletin, aucun recueil, aucun document maçonnique.

Comme bien d'autres clans littéraires, le Parnasse ne devait pas éviter les brouilles, et les brouilles entre gens de lettres sont terribles. J'avais vu, rue de Bruxelles, Mendès s'extasier d'enthousiasme pour Cladel en lui entendant lire *L'Homme de la Croix-aux-Bœufs*. Plus tard, à la publication d'*Ompdrailles le tombeau des Lutteurs*, il ne l'appelait plus que « le tombeau des lecteurs » et le traitait en même temps de « Tartuffe du Danube ». Que Cladel, tout en étant du Quercy, fût aussi un peu du Danube et ne fût même pas loin d'en être le Paysan, il y avait là quelque chose de vrai, et qui n'était pas à son déshonneur. Mais qu'il en fût le Tartuffe, c'était la plus vilaine des calomnies ! J'avais vu également, chez mademoiselle Holmès, Cladel

---

1. Cette lettre a été révélée en partie par un article de M. Félicien Pascal paru dans *l'Eclair* de Montpellier du 27 mars 1906, rappelée dans un article de moi paru dans *la Liberté* du 28 octobre 1906, et publiée en entier par M. Octave Uzanne dans *le Figaro* du 5 septembre 1925.

s'exclamer d'admiration à l'audition du *Soleil de Minuit* et couvrir Mendès de ses applaudissements. Quelques années plus tard, il l'avait surnommé : « Le Christ qui a trahi Judas ». C'était encore plus féroce que le surnom plutôt burlesque dont l'avait décoré son beau-père Théophile Gautier. Le beau-père avait son gendre en horreur et l'avait baptisé : « Crapule Membête ». Il exagérait, mais, lorsque les poètes se mettent à se rosser dans les chemins creux du Parnasse, ils n'y vont pas de main académique.

Une nuit, l'auteur de *La Maison de la Vieille*, — car Mendès est aussi l'historien de cette maison symbolique, — venait de rentrer chez lui, quand un coup de sonnette retentissait à sa porte. Déjà à demi déshabillé, il allait ouvrir et à la lueur de sa bougie, reconnaissait Villiers de l'Isle-Adam. Il ne l'avait pas revu depuis des mois, un certain refroidissement les avait éloignés l'un de l'autre, et il s'écriait, tout stupéfait de cette visite à une pareille heure, après une disparition aussi longue :

— Comment ?... C'est toi, Villiers ?

Un rire dans les notes basses, ce rire sarcastique et grave qu'on connaissait si bien, lui répondait :

— C'est moi, Catulle !

— Mais d'où reviens-tu ?

— Je reviens de Bretagne.

— De Bretagne ?

— Oui, pour la vente d'un bien de famille.

— Eh ! bien, entre !

— Je ne peux pas entrer.

— Ah ! ça, tu ne vas pas me laisser toute la nuit en chemise devant ma porte... Entres-tu, ou n'entres-tu pas ?

— Je te répète que je ne peux pas entrer !

— Tu ne peux pas entrer chez moi ?

— Non, je ne peux pas entrer chez toi !

— Tu es assommant... Encore une fois, veux-tu entrer ? Pourquoi ne peux-tu pas entrer chez moi ?

Alors le rire se faisait encore plus strident, résonnait dans des notes de plus en plus basses, et Villiers finissait par répondre, en disparaissant dans l'obscurité de l'escalier :

— Parce que j'ai des fonds sur moi !

Cette extraordinaire entrevue nocturne, si elle avait eu lieu, ne pouvait être qu'une mystification, mais ne cachait-elle pas aussi une cruauté d'homme de lettres ?

A quelques jours de là, je rencontrais Villiers chez Brébant où il venait souvent dîner, et je lui demandais si sa visite à Catulle, dont on parlait en s'en amusant, était vraie. Il avait alors un de ces joyeux gestes, avec lesquels on accueille les compliments après un succès, et me répondait avec son fameux rire :

— Très vraie !... Très vraie !...

Et, riant toujours plus fort :

— Tout ce qu'il y a de plus vraie !... Tout ce qu'il y a de plus vraie !...

On sait comment est mort le malheureux Catulle... Il était devenu éthéromane et répandait partout, dans les bureaux de rédaction, les théâtres et les cafés, une odeur insupportable. Il avait sans doute un soir forcé la dose et rentrait de nuit par le chemin de fer à Saint-Germain-en-Laye, où il habitait, tombait par la portière en arrivant en gare, et roulait écrasé sous les wagons... On ne devait plus retrouver qu'un cadavre sur la voie...

II

Ce fut vers 1886 ou 1887 que je fis la connaissance de Maupassant. Il avait dans les trente-six ou les trente-sept ans, et représentait, dans toute la force du mot, ce qu'on appelle « un gaillard ». Plutôt petit, mais trapu, robuste, avec une tête carrée, un gros cou, une forte moustache, un teint de marin sanguin et patiné, une figure qui tenait à la fois du village et du large, de l'homme de mer et de l'homme de foire, il avait, dans ce masque d'une jovialité presque brutale, des yeux d'une tristesse infinie. On ne pouvait pas voir d'ailleurs un plus gai vivant, un roger-bontemps plus solide, d'un allant plus hardi dans les parties fines, surtout lorsqu'elles étaient poussées loin, en même temps qu'un élégant plus hanté d'un extraordinaire souci du luxe. En résumé : une figure et une carrure de loup de mer, une mise et une vie de snob, du génie, beaucoup de « bonenfantisme », et un regard d'une mélancolie sans bornes, tel était Guy de Maupassant à ce moment de sa carrière et de son triomphe.

— La mer vous fait-elle peur à cette époque de l'année ? m'avait-il demandé au commencement d'un magnifique mois d'avril.

— Pas du tout !

— Eh ! bien, je vais passer quelques jours à Etretat, dans ma maison de la Guillette, et si le cœur vous en dit ?...

— Vous m'emmenez ?

— Je vous emmène...

Et nous prenions, le lendemain, l'express du matin.

— Attendez, me disait-il avant de monter dans notre compartiment, je vais d'abord aller voir si, par hasard, les carpes que j'emporte pour rempoissonner mon bassin ne sont pas crevées.

Et, en revenant :

— Non, elles vont bien, et je crois qu'elles pourront faire le voyage... Figurez-vous que, l'année dernière, j'étais arrivé à avoir des poissons superbes... Et puis, la princesse Mathilde m'a donné des canards chinois, et ces canards ont tout empoisonné... En quinze jours, tout était mort.

— Mais ils vont recommencer !

— Non, je les ai mangés !... Je ne sais pas si vous êtes comme moi, mais l'eau, pour moi, c'est la vie, et je parle de l'eau douce, de l'eau de la rivière et du ruisseau, ou même de la petite mare... Je pourrais vivre n'importe où, en ayant seulement devant ma porte une flaque où je verrais des insectes faire des ronds...

Le train, quelques instants après, roulait dans la campagne, et le délicieux paysage de Paris à Mantes défilait et fuyait sous nos vitres dans la riante et légère lumière d'un de ces printemps qui vous enchantent. Avec les champs vert tendre, la gaze des premières feuilles, les bouquets de neige rose et blanche des vergers naissants, les miroitements de la Seine et le soleil dans les bourgeons, le panorama était ensorcelant. Mais Maupassant demeurait froid, ne paraissait rien voir de cette nature en délire auquel la fuite du train imprimait encore comme une danse, se perdait visiblement dans on ne sait quelle préoccupations, et me demandait tout à coup d'un air sombre et irrité, sans qu'on s'expliquât la violence de son agacement :

— Est-ce que vous connaissez D... ?... Ah ! l'épouvantable imbécile !... Si vous avez jamais le malheur de le rencontrer, je vous fais d'avance toutes mes condoléances... J'ai eu, l'autre jour, celui de me trouver à dîner à côté de lui, et je n'ai jamais rien entendu d'aussi idiot... En littérature, il n'a qu'un *criterium* : « Vous êtes *gai*, ou vous n'êtes *pas gai*. » Et il vous crie, d'une voix de tonnerre : « Un tel, plein de talent, plein de génie, mais *pas gai* ! » Ah ! le misérable ! Ah ! le monstre ! Et le plus fort, c'est que, pour me faire un compliment, il a fini par me dire qu'il me trouvait *gai*... J'ai cru que j'allais le tuer !... Mais *gai, gai, gai !* Qu'est-ce que ça peut bien signifier, *gai* ?... Et quelle raison pourrions-nous bien avoir à présent d'être *gais* ?

Si insupportable que dût être, en effet, le tonitruant D... dont le souvenir l'exaspérait, l'explosion d'humeur à laquelle il s'était livré et sa furieuse diatribe contre la gaîté n'en avaient pas moins, comme la mélancolie de ses yeux, quelque chose de surprenant et d'énigmatique. Mais, dès son arrivée à Etretat, dans sa jolie villa de la Guillette, il n'était plus lui-même que gaîté. Les carpes avaient fait bon voyage et frétillaient dans le bassin sans avoir à y craindre les canards de la princesse, les bourgeons pointaient aux arbustes, la maison s'ouvrait au soleil, nous déjeunions, et il me demandait avec une bonne humeur à laquelle tout ce qu'il avait de muscles et de sang ajoutait encore :

— Aimez-vous barboter dans les rochers ?

— Beaucoup !

— A la bonne heure, et vous ne vous doutez pas du guide que vous allez avoir en moi... Je pourrais vous mener les yeux fermés dans tous les trous de la plage, j'attrape les crevettes avec la main comme vous n'attrapez peut-être pas les mouches, je tutoie tous les pêcheurs, ils m'appellent « Monsieur Guy », et il n'y a pas une pointe de falaise sur laquelle je ne sois pas grimpé... Pour ça, seulement, il faut avoir le jarret bon. Moi, je l'ai de fer... Maintenant, si vous voulez pouvoir remettre encore les chaussures que vous avez là, vous allez d'abord en changer.

Il me conduisait en même temps dans un cabinet où était aligné sur une planche tout un régiment de vieux souliers fantastiquement racornis :

— Tenez, voilà des savates qui n'ont plus rien à redouter... Elles sont là tout exprès pour les expéditions comme celle que nous allons faire... Ce sont des vertus qui ont tout vu, et qui peuvent en voir encore davantage... Chaussez-vous !

Le soir, j'étais un peu harassé par l'expédition, mais il n'était même pas fatigué, tout en ayant cependant escaladé roches sur roches. Il était extraordinaire de vigueur et, au dîner, me réservait encore une surprise. Tout un menu m'était servi, et toute une file de verres s'alignait devant mon couvert, mais il n'y avait pour lui ni menu, ni verres, et on ne voyait qu'une tasse et une théière devant son assiette. Vins variés et rares, nombreux et petits plats, rien ne me manquait, mais il dînait, lui, pendant ce temps-là, d'un vulgaire potage, d'un plat à part, et buvait du thé. Je lui disais :

— Ah ! ça, pourquoi me faites-vous servir un pareil festin, si vous-même vous ne mangez rien ?... Vous n'allez pas me laisser manger tous ces plats et boire tous ces vins tout seul !

Mais il redevenait alors tout à coup grave, et me répondait en me regardant de ses yeux tristes :

— Mon cher ami, je tiens beaucoup, si vous aimez les bons dîners, à ce que vous en fassiez un bon chez moi, mais ils ne valent rien pour la santé... Ce homard ?... Oh ! excellent, supérieur, et, si le homard vous plaît, prenez-en,

mais je vous conseille plutôt de vous en priver...
Moi, je n'en prendrai pas, et vous ferez bien de
faire de même... Le homard ?... Méfiez-vous-
en !... Ces croquettes truffées ? Délicieuses...
Mais je m'en abstiendrai aussi... Très dange-
reuses et, si vous m'en croyez, vous vous en abs-
tiendrez comme moi... Et le Madère, le Bordeaux, le Bourgogne ?... Ah ! je les connais, ces
vins-là, et même trop... Le vin du Rhin ? Il est
peut-être moins redoutable, mais je le tiens cependant aussi pour un peu suspect... Quant au
Champagne, oui, je le sais, il n'est pas mauvais,
et il est même relativement innocent... Pourtant... Ah ! le Champagne, le Champagne... Tenez, si vous étiez sage, vous m'imiteriez, vous
ne boiriez absolument rien de tout ça... Maintenant, si vous le préférez...

Et il souriait :

— Mangez, buvez, régalez-vous... C'est votre
affaire... La mienne est de vous bien recevoir...
Je ne vous ai pas invité pour vous mettre en pé-
nitence...

Je passai chez lui une partie de la semaine, et
c'était, chaque jour, d'étourdissantes excursions
suivies de repas non moins étourdissants, mais
dont il ne mangeait jamais rien, tout en ne buvant toujours que du thé et en me prêchant toujours la tempérance.

— Voyons, mon cher ami, mais voyons...
voyons... Ce Champagne... Prenez-en donc aussi
un verre... Trinquons.

Mais il restait inflexible :

— Non, non, merci, cher ami, merci... Et croyez-moi, vous feriez mieux de n'en pas boire non plus... Buvez-en quand même, si vous y tenez, mais vous avez tort de ne pas m'écouter... Moi, je n'en bois pas... Il y en a pour vous, mais n'en buvez pas !

Et, après un instant de mélancolie, il redevenait plein de gaîté, de verve, d'esprit, de franche cordialité... J'emportai de la Guillette le souvenir le plus charmant.

— Eh ! bien, me demandait-il un jour de l'automne suivant, en me rencontrant au *Gil Blas* et en m'y frappant sur l'épaule dans la bousculade des visiteurs qui se pressaient, tous les après-midi entre quatre et cinq heures, dans le petit local du boulevard des Italiens, comment ça va-t-il depuis la Guillette ?... Mais dites-moi... J'ai des amis à dîner chez moi jeudi... Venez donc... Rue de Montchanin... Venez... Et vous savez, sans façons !...

Je m'attendais à un dîner d'hommes de lettres comme beaucoup d'autres. Mais, bien que nous n'y fussions qu'entre hommes, et « sans façons », je tombais dans une soirée particulièrement protocolaire au point de vue mondain. Tout le monde était en habit et en cravate blanche, dans une tenue qui faisait honte à ma jaquette, et Maupassant lui-même, avec son éblouissant jabot de chemise où les diamants brillaient dans les dentelles, était plus élégant encore que ses invités. Tous les convives, d'ailleurs, n'étaient pas seulement des notoriétés ou des célébrités des Lettres ou des Arts, mais des notoriétés et des célébrités bien posées, et je vois encore Brunetière échangeant des propos à travers la table avec Gervex. La conversation était à l'avenant, toute en finesses intellectuelles, en précautions aimables, en retenue académique, et nous passions, pour le café, dans un joli et luxueux salon où le meuble dominant était une antique et belle chaise à porteurs... Ah ! on était loin du Parnasse, des visites nocturnes de Villiers de l'Isle-Adam, des coups de boutoir de Cladel, de la salle à manger de Catulle Mendès, et du brave Albert accroupi sous la table où il attendait, dans son vieil habit à queue, les coups de pied qui l'envoyaient faire remplir les bocks au café d'en bas. La rue de Montchanin n'était pas la rue de Bruxelles !

Quelques années plus tard, j'étais venu un soir à une réception des Ricard dont on se rappelle le salon si plein de charme intellectuel et l'hospitalité si particulièrement délicate, lorsque je voyais, en me retournant, un invité ridé et maigre, au visage douloureux, et qui souriait en me tendant la main. Je m'écriais, stupéfait :

— Ah ! Maupassant !

— Vous, alors, vous me reconnaissez ?

— Comment, si je vous reconnais ?... Quelle plaisanterie !

— Mais ce n'est pas une plaisanterie... Personne ne me reconnaît plus.

Je ne l'avais pas revu depuis quatre ou cinq ans, j'entendais seulement beaucoup parler de ses voyages en mer, de sa vie errante sur son yacht, et il avait, en effet, effroyablement changé ! De l'ancien « gaillard », du joyeux barboteur, de l'intrépide escaladeur de falaises, il ne restait plus rien. Le pauvre bras amaigri, sous lequel il serrait cérémonieusement un claque où flamboyait l'or de rayonnantes initiales, était tellement décharné que sa manche paraissait vide et, sous les revers satinés de son habit, sous les petits plis, les broderies et les diamants de son jabot, il n'y avait plus qu'un squelette. La détresse vitreuse des yeux était seule toujours la même, mais plus sombre, plus désolée, plus vitreuse encore, et il me disait, en m'attirant à part :

— Ah ! j'entends des dames se plaindre d'avoir souvent la migraine, et de ne pas savoir comment la guérir... Je l'ai peut-être eue, à moi seul, plus souvent qu'elles toutes à la fois, et je suis une de ses plus grandes victimes. Je l'avais autrefois presque tous les jours, et, comme il me fallait, en moyenne, tant au *Gil Blas* que dans d'autres journaux, fournir dans les trois contes par semaine, j'étais bien obligé, pour travailler, de me soulager par toutes sortes de moyens, même par les plus dangereux. On a dit que je prenais de l'éther, de la morphine, de la cocaïne, et c'est vrai, j'en ai pris, mais comme j'ai tout pris, et parce qu'il me fallait tout prendre. Mais ce qui m'a tué, et me tuera, c'est l'antipyrine... Ah ! l'antipyrine... L'effet en est merveilleux. Aussi, dès que je sentais la souffrance venir et me terrasser juste à l'heure de mon travail, j'avalais immédiatement mon antipyrine... C'était magique... En cinq minutes, j'étais debout, et mon conte, le soir, l'était aussi. Au bout de quelques années, seulement, j'ai commencé à avoir des lacunes dans la mémoire, et maintenant, lorsque j'écris, les mots les plus simples me manquent. Si, pour mes moindres phrases, j'ai besoin du mot *femme*, du mot *ciel* ou du mot *maison*, ils me disparaissent subitement du cerveau, comme les notes qui manquent sous les doigts dans les vieux pianos détraqués... Et ça, c'est l'usage répété de l'antipyrine !... C'est le remède à la mode, et un admirable remède ! Il vous relève comme d'un coup de baguette, et vous guérit comme une fée, mais c'est un détraquant terrible, il détruit la mémoire, et il a détruit la mienne ! Voilà, mon cher ami, où j'en suis... Je suis fini... Et au *Gil Blas*, comment va-t-on ?... Qu'est-ce qui s'y passe ?

Puis, sans même me laisser répondre, il me lançait d'un air sombre, après avoir souri :

— Ah ! quels vilains endroits que les journaux !... Quel affreux monde !... Ah ! les vilains endroits !...

C'était cependant à ce *Gil Blas*, qui avait été sa maison et dont il avait fait la renommée, que je devais, à quelques mois de là, le revoir pour la dernière fois, encore plus douloureusement spectral et plus tombé à l'état de squelette, mais dans une mise encore plus richement recherchée, et encore plus couvert de bijoux.

— Bonjour, Maupassant, lui dis-je.

Il me répondait d'un ton vague, et l'air absent :

— Bonjour... Bonjour...

Le journal, depuis longtemps, sollicitait de lui un nouveau conte, il avait fini par le faire et venait en toucher le prix. Il passait au guichet, prenait le billet de banque que lui tendait le caissier, le levait en l'air en le montrant triomphalement à tout le monde, puis le repliait lentement, le glissait dans son gilet, et sortait sans rien dire, en me saluant d'un petit signe de main.

On sait aussi, hélas ! comment il a fini. Il allait bientôt se couper la gorge... Mais n'y avait-il eu vraiment que l'antipyrine dans la transformation foudroyante de ce petit hercule en fantôme, et de ce conteur de génie en fou ?...

III

Je retrouve un Memento, vieux de bientôt vingt ans, et j'y relis ces textes cités en souvenir du mort : *Le Christ vous a, en quelque sorte, ressuscités. Seulement, ne vous y trompez pas, la conversion du pécheur n'est pas sa guérison, mais seulement sa convalescence, et cette convalescence dure quelquefois plusieurs années, est souvent longue... C'est par les marches de la*

*souffrance que l'on fait l'ascension des joies...
Ce pauvre amour, il ne s'obtient que par la souffrance. Il faut souffrir pour aimer, et souffrir
encore lorsqu'on aime...* Le portrait du défunt
précède ces citations, et j'y reconnais bien, à
travers les années, sa physionomie rêveuse et
fine, son grand front, ses cheveux coupés en
brosse et presque rasés, sa barbiche grise, sa
tête penchée, sa figure aux traits aigus et cependant mélancoliques. Assis dans son fauteuil, il
tient un grand livre ouvert sur l'un de ses genoux croisé sur l'autre, mais ses yeux n'y lisent
pas et se perdent ailleurs... C'est Huysmans,
mort en 1907, et les textes cités sont pris dans
ses œuvres. Ils pourraient sembler l'être dans
les livres saints.

Une quinzaine d'années auparavant, après
avoir donné des romans d'une crudité d'obser-
vation plutôt forte, mais où l'on sentait déjà l'esprit chrétien quand on savait lire, il s'était
franchement converti, au point de s'être fait
oblat bénédictin, s'était retiré en Poitou, à
l'ombre de l'abbaye de Ligugé, et je lui avais un
jour écrit là : « Peut-on aller vous voir entre
deux rapides ?... » Il m'avait répondu : « Oui,
mais pas entre deux rapides. Il faudra rester...
J'irai vous chercher à Poitiers... Rendez-vous au
buffet de la gare... Nous y déjeunerons... »

— Alors, lui avais-je dit en arrivant, quoique
oblat, vous déjeunez au buffet ?

— Oui, m'avait-il répondu gaiement, et je
vais tout de suite vous faire ma confession...

J'aime à y venir de loin en loin, et savez-vous pourquoi ?... Pour continuer à être dégoûté du monde !... Je vois les flots de voyageurs débarquer précipitamment, courir avec des paquets, dégringoler des wagons comme s'ils voulaient se casser le cou, manger d'un air affolé, se ruer vers des trains qui repartent... Il me semble être au milieu de fous, et je me sens heureux de ne plus moi-même en être un, et de n'avoir à remonter, sans me bousculer, que dans mon petit train de Ligugé qui va comme un omnibus... Ah ! la vie !... Ah ! l'épouvantable cohue !

Il habitait près du couvent, à portée de ses carillons, une assez jolie maison précédée d'un petit péristyle où grimpaient des plantes, et d'où l'on avait vue sur le bourg en même temps que sur un vallon vert tout miroitant de ruisseaux courant par les prés entre des rideaux d'arbres.

— Eh ! bien, me demandait-il en me menant faire le tour de son jardin et tout en roulant une cigarette, que devient Paris ?... Comment va Un Tel ?... Et Un Tel ?...

Et il me questionnait sur l'un et sur l'autre, sur celui-ci, sur celui-là, sur les confrères, sur les journaux, et, sarcastique, avec de petits hochements de tête, d'un air soulagé, railleur, en lançant de petites bouffées :

— Ah ! quel monde !... Quel monde !... Ah ! j'en aurai vu, dans ce monde-là !... Ah ! pour une pantalonnade !... Est-ce que X... dirige toujours le Y... ?

— Toujours.

— En voilà un que je n'oublierai pas !... C'est avec lui que j'ai eu ma dernière aventure.

— Désagréable ?

— Très drôle !... Il s'était mis dans la tête de me faire faire un article sur le roman français comme on le juge à l'étranger, et il me montrait par terre toute une montagne de journaux anglais, allemands, russes, italiens, espagnols, grecs, turcs, hollandais : « Tenez, voilà des articles sur nos romanciers, vous allez les lire et, quand vous les aurez lus... » Je lui répondais, ahuri : « Mais je ne peux pas les lire, je ne sais pas les langues étrangères ! » Alors il réfléchissait, cherchait une combinaison, la trouvait, et finissait par me dire : « Eh ! bien, puisque vous ne savez pas les langues étrangères, vous choisirez seulement les passages les plus saillants, vous les entourerez au crayon bleu, et je vous les ferai traduire... Je vais faire appeler une voiture, et vous emporterez tout ce paquet chez vous »... J'ai failli lui éclater de rire à la figure... En voilà, un directeur de journal !... Quel homme !... Il paraît qu'il a fait tous les métiers et qu'il a même été cuisinier... Tranquillisons-nous... Les journaux en feraient un jour un grand homme que ça ne m'étonnerait pas... Nous verrons ça !... Tous les mondes ont leurs dessous qui ne sont pas beaux, tous les milieux ont leurs pourritures... Mais le monde des journaux !... La vie des journaux !... La Presse... La Presse !... Ah ! quelle vie !... Surtout quand on la revoit de loin comme je la revois maintenant d'ici !...

Est-ce que je vous ai jamais raconté mes débuts ?... Voilà longtemps... Quand je faisais des articles sur Bobino...

— Vous avez fait des articles sur Bobino ?

— Mais oui... A l'époque de Bobino, et quand on ne parlait que de Bobino... A la fin de l'Empire, avant la belle République... *Cocher, à Bobino !...* Vous devez avoir entendu parler des cinq cents représentations de cette revue-là... Eh ! bien, je faisais des articles là-dessus pour une petite revue théâtrale que fabriquait rue de la Sourdière, au cinquième, un vieux monsieur qui avait une calotte et des chaussons, et le plus honnête homme que j'aie peut-être rencontré, au moins dans les milieux littéraires. Jamais, seulement, il ne m'avait donné un sou, et un soir, n'ayant pas de quoi manger, ne sachant comment dîner, je lui demandai de me payer... Il ne me refusait pas, mais me regardait avec douleur, jetait un coup d'œil dans un coin de sa soupente, et me disait, très honnêtement : « Je ne peux toujours pas vous donner d'argent, mais si vous voulez ces bouteilles de liqueur que j'ai reçues moi-même pour une annonce ? »... Ah ! ces bouteilles de liqueur !... je me vois toujours les emportant dans mon paletot, et courant, pour les revendre, tous les marchands de vin de la rue Saint-Honoré... Mais on n'en voulait nulle part, on me prenait pour un voleur, et on me les laissait dans mes poches... J'ai dû finir par les boire !

Nous causions sur un banc d'où on dominait le pays. On apercevait les toits du village, l'Abbaye, ses clochetons, sa tour, ses fenêtres à mitres, les ruisseaux miroîtants sous les arbres dans les prairies, on entendait dans le ciel le cristal des sonneries du monastère, et il me disait, à un tintement du carillon, en roulant encore une cigarette :

— A propos, vous déjeunez demain à l'Abbaye... Vous y êtes invité, et vous y verrez l'hospitalité bénédictine. Elle est de règle dans l'Ordre et un étranger ne vient jamais ici sans que l'Abbé l'invite. Il y a toujours, au repas de midi, une table réservée aux hôtes, et tout un cérémonial pour leur réception. Un Père, à l'entrée du réfectoire, leur présente un bassin pour le lavement des mains, et l'Abbé leur verse lui-même l'eau dans une aiguière... Mais vous verrez... Vous verrez...

Le soir, nous restions à causer dans son bureau. Les épreuves de son livre sur *Sainte Lydwine de Schiedam* couvraient sa table, il avait quitté le ton de gouaillerie et de demi-blague mêlée d'amertume et de jovialité sur lequel il parlait volontiers des choses et des gens, et il me disait, en allant prendre un calepin dans sa bibliothèque :

— Tenez, j'ai fait là un relevé curieux... Ce sont les heures différentes auxquelles les Ordres monastiques se lèvent la nuit pour prier. Il semble qu'ils se soient entendus pour qu'à aucun moment, jusqu'à ce que le jour se relève, la prière ne cesse... Voici l'heure des Clarisses, celle des Chartreux, celle des Trappistes, celle des Carmélites, celle des Bénédictins. Lorsque certains finissent, d'autres commencent. Lorsque ceux-là s'arrêtent, ceux-ci reprennent. Tantôt dans les Trappes, tantôt dans les Chartreuses, ils se relayent ainsi toute la nuit, sur toute la terre, d'un monastère à l'autre... Est-ce voulu ?... Je ne sais pas encore, mais on le dirait... Je verrai... C'est comme le flambeau qu'on se passe de mains en mains...

Et il restait un instant absorbé dans son calcul, pendant que le bruit lointain d'un express lancé à une vitesse folle accourait dans le silence de la campagne, s'enflait en tempête, puis s'évanouissait, dans le recueillement de la nuit, au fond de l'horizon.

Le lendemain matin, nous descendions à l'Abbaye, et il me disait en poussant une porte :

— Venez... Nous allons d'abord monter chez Dom Besse, le directeur des novices... Il aura le temps, avant le déjeuner, de vous montrer la maison.

Arraché quelques années plus tard à la paix monacale par l'expulsion de son ordre, et jeté dans la bataille religieuse, Dom Besse était alors chargé de la formation des « moinillons », selon la vieille et familière expression, et comme il s'amusait lui-même à les appeler. Pas très grand, la tête d'une carrure solide, avec une forte expression d'intelligence, de rondeur et de bonté, il nous accueillait joyeusement, nous retenait un instant à causer, nous emmenait parcourir le monastère, visiter les claires et hautes salles de la bibliothèque qui pouvait contenir cinquante mille volumes, l'imprimerie, d'autres services et nous disait ensuite :

— Maintenant descendons... Je vais vous montrer une curiosité... C'est notre cave... Elle est ancienne, très belle, et Rabelais a bu de son vin... Il était l'ami de Mgr d'Estissac qui était Abbé de Ligugé, et il venait souvent le voir... Il est certainement descendu là... Tenez, la voilà... Elle est magnifique.

Puis il me demandait en nous reconduisant au cloître et en m'en montrant la blancheur dont le tintement des cloches en faisait une blancheur carillonnante :

— Est-ce que vous ne remarquez pas comme tout est neuf ?... C'est que notre abbaye, ajoutait-il avec bonne humeur, date en réalité de la loi qui devait nous expulser... Nous n'avions, auparavant, que ce vieux morceau de bâtiment gris qui est du xviii° siècle, et qui servait, à cette époque, de maison de campagne aux Jésuites... Mais on a voté notre expulsion, et les novices, l'argent, les aides, les sympathies, les collaborations ont immédiatement afflué de tous les côtés. Nous ne savions plus où loger tous ceux qui nous arrivaient... A toute force, il nous a fallu bâtir, et nous avons bâti...

— Ah ! j'ai vu ça, interrompait Huysmans... On apportait le sable et les pierres, on gâchait le mortier, on dressait les échafaudages pendant que le commissaire se présentait pour notifier l'arrêté... C'était extraordinaire !

— Oui, reprenait en riant Dom Besse, la loi qui nous frappait a bâti notre monastère, et tout ce que vous voyez, la tour, le cloître, les corps de bâtiments, tout cela n'a même pas dix ans... Nous voudrions être expulsés tous les jours !

Mais le carillon sonnait midi, et les moines arrivaient dans le cloître se grouper autour du Père Abbé et d'un prêtre de haute taille, dont le chapeau à ganse vert et or indiquait un évêque.

— Tiens, s'écriait Dom Besse enchanté, voilà une bonne surprise... Nous avons ce matin pour hôte Mgr Augouard, l'évêque du Congo, *un évêque sauvage !*

C'était, en effet, Mgr Augouard. Encore jeune, la figure boucanée, la barbe fourchue, de belle et martiale allure, il s'entretenait gaîment avec le Père Abbé, dont l'âge et l'air frêle tranchaient auprès des siens. Un très vieux Frère, d'une maigreur comme spiritualisée et d'une extraordinaire agilité, circulait en même temps de tous les côtés, faisait des signes, donnait des ordres, allait et venait, passait et repassait à grandes enjambées.

— C'est le Frère hôtelier, m'apprenait Huysmans... Il est vieux comme les ponts, et on ne sait même plus quel âge il a, mais il faut le voir travailler, piocher, bêcher, sarcler la vigne, et faire lui-même le vin... Il est prodigieux !

Un recueillement général se faisait à ce moment dans les groupes, les moines se mettaient en rang, et tout le monde, en silence, entrait au réfectoire. L'*Évêque sauvage*, Mgr Augouard, marchait en tête, les autres hôtes venaient ensuite, et le vieil abbé, près de la porte, avec un salut souriant, d'une main tremblante où miroitait son anneau pastoral, nous versait à chacun quelques gouttes d'eau sur les doigts, pendant qu'un autre Père tenait le petit bassin et qu'un troisième nous tendait la serviette. Puis, on nous conduisait à notre table, toute la communauté prenait ses places, et l'Abbé, du haut de la sienne, entonnait le *Benedicite*.

Seuls à une petite table, sur une estrade et sous un dais, à l'extrémité du réfectoire, haut et vaste comme un temple, l'Évêque et l'Abbé déjeunaient l'un à côté de l'autre. Au-dessous d'eux, au pied de leur estrade, était la table des hôtes, et celle des Pères, tout autour de la salle, se déployait comme le banc d'un Chapitre. Selon la règle de l'Ordre, les Frères convers étaient servis par des Pères. Sous leur froc et leur scapulaire, les maîtres se faisaient ainsi les servants de leurs serviteurs vêtus de simple et grossière bure jaune, et leur apportaient le pain, le vin, l'eau et les aliments. L'Évêque et l'Abbé étaient seuls à manger sur une nappe, les hôtes ne mangeaient que sur une toile cirée, les moines sur le bois même de leur table, et ces derniers rangés en cercle, comme dans le chœur d'une cathédrale, l'étaient selon leur âge monastique, les plus anciens les premiers et les plus nouveaux les derniers. Certains d'entre eux se trouvaient ainsi, mystiquement, plus âgés que de plus vieux qu'eux. Pour l'hôte qui ne s'était jamais encore assis là, c'était une véritable impression d'église. Tous, en prenant le couteau ou la fourchette, en versant dans leur verre le vin ou l'eau, avaient moins l'air de manger ou de boire que d'en faire le signe symbolique. Ce n'était pas un déjeuner, mais comme une cène, comme un banquet de convives au-dessus desquels on cherchait des auréoles, et le grand et vieux Frère hôtelier, avec ce qu'il mettait d'immatériel dans son agilité et l'humilité de son service, ajoutait encore au symbole...

De joyeux rires, et comme des rires d'écoliers, montaient une heure plus tard du jardin. Mais c'étaient des rires de moines. Assis autour de leur Abbé, sur deux longs bancs qui se faisaient face, ils écoutaient l'*Évêque sauvage* leur raconter ses aventures de missionnaire avec sa verve de bivouac. Ils ne se lassaient pas de les écouter, n'en avaient jamais assez entendu et, comme des enfants, lui redemandaient même quelquefois de vieilles et passionnantes histoires déjà contées à des visites précédentes :

— Et l'histoire, Monseigneur ?... Vous savez bien, l'histoire ?... Celle que vous nous avez racontée l'an passé !...

Et Mgr Augouard leur racontait l'histoire. Ils en exultaient, et avaient tous, pour la joie, des âmes et des rires de novices...

— Vous repartez ce soir ? me demandait Dom Besse.

— Oui, mon Père.

— Mais nous nous reverrons ?

— Certainement...

Dix ans plus tard, en effet, nous nous étions souvent revus quand, au chevet de Huysmans mourant, dans le modeste et sombre appartement de la rue Saint-Placide, le Père aimait à me rappeler cette vieille et bonne visite de Ligugé.

Mais que de choses et d'événements dans ces dix années ! Les lois contre les Congrégations avaient cessé d'être lettre morte, les commissaires chargés de les leur notifier ne tombaient plus sur des abbayes en train de se construire, et les religieux et les religieuses avaient renoncé au souhait d'être expulsés tous les jours. Ligugé, depuis déjà longtemps, n'était plus qu'un monastère vide, un cloître désert, et les Bénédictins étaient en exil. Dom Besse, enlevé à l'éducation de ses novices, et ne cessant d'aller et de venir de Belgique à Paris, s'était jeté dans la lutte, avec sa vaillance et son talent, et Huysmans, après avoir dû lui-même s'arracher à la retraite et à la paix, mourait dans le petit logement où devait s'éterniser son agonie. Frappé de la terrible et torturante infirmité qu'est un zona ophtalmique, et condamné à ne plus quitter une chambre où ne devait pas pénétrer le jour, à s'éteindre lentement dans la nuit et dans la souffrance, il avait accepté sans se plaindre la perspective de son supplice. Les amis qui venaient le voir dans sa douleur le trouvaient étendu dans l'obscurité, les yeux couverts d'un bandeau, et leur parlant avec résignation. Son confesseur, l'abbé Fontaine, l'héroïque apôtre des chiffonniers qui, secondé par le non moins admirable abbé Thorel, avait ramené Clichy à la religion, lui rendait de constantes visites, l'exhortait, l'aidait à souffrir, lui apportait la communion, et le laissait souriant dans son martyre... Où étaient la joie, les réceptions et le soleil de Ligugé, la blancheur rayonnante et carillonnante du monastère, et les innocents et heureux rires des moines écoutant sous les arbres les histoires de l'*Évêque sauvage* ?... Le génial auteur de *Là-Bas* et d'*En Route* achevait sa conversion sur la Croix. L'ancien romancier de *Marthe* et des *Sœurs Vatard* se préparait à mourir comme un saint !

CHAPITRE VI

ROCHEFORT ET SAINT-CÈRE

I

A son retour à Paris, en 1880, après ses aventures de déporté et ses années d'exil, Rochefort habitait, cité Malesherbes, un élégant petit hôtel plein de beaux meubles et de beaux tableaux. Il venait de fonder *l'Intransigeant*, et chaque matin, invariablement, y sabrait sans pitié quelque important personnage du Régime. Mais, chez ce Rochefort-là il y en avait un autre n'ayant aucun rapport avec le premier, et dont les ventes à l'Hôtel Drouot, les courses, les premières représentations et d'autres diversions aux corvées de la politique amusaient et absorbaient l'existence.

Même lorsque les événements étaient graves, il n'en savait quelquefois rien le soir. Après avoir employé son temps, à Longchamp ou à la Salle des Ventes, à parier sur Lucullus ou Radoteuse, ou bien à admirer des fauteuils

Louis XIV ou des bergères Louis XV, il se réservait encore d'aller au Gymnase ou à l'Opéra, s'informait précipitamment de ce qui avait bouleversé la Chambre ou mis le ministère par terre et, en trois quarts d'heure, entre son dîner et sa « première », « troussait leur affaire » à toute une équipe de politiciens dont le « passage à tabac » réjouissait le lendemain tout Paris. D'autres fois, on n'avait même pas encore entendu parler de lui au journal à minuit. Il ne débarquait aux bureaux de la rue du Croissant qu'après la première représentation du soir, apprenait le scandale parlementaire de l'après-midi et en faisait encore en moins d'une heure un chef-d'œuvre de facétie. Le jour suivant, il repartait de nouveau prendre part à la vente d'une collection de tabatières ou à la victoire d'une écurie, et retournait dans la soirée assister au triomphe ou à la chute d'un vaudeville ou d'une opérette, mais sans jamais manquer à un moment, selon son expression, de « tremper une soupe » à quelqu'un.

On s'imaginait volontiers un Rochefort dominé et accaparé par la politique, mais il l'était beaucoup plus en réalité par le turf, le théâtre, et tout ce qui était vieux meubles et vieux tableaux. Sa grande passion était là, et il y était un véritable expert. Il avait même publié un volume sur *Les petits mystères de l'Hôtel des Ventes*, et rien ne lui était inconnu des coulisses et des secrets de la rue Drouot. Une belle toile, une belle table, un beau vaisselier l'enchan-

taient, et il ne les achetait même pas toujours
pour orner ou meubler sa maison, mais pour les
contempler, en jouir, les revendre, et recommencer avec d'autres. Il avait ainsi un Goya dont
il ne cessait de vous parler, et il vous invitait à
déjeuner pour vous en détailler les merveilles.
Un peu plus tard, il eut un lit Renaissance qu'il
n'avait pu placer dans aucune chambre, mais
qu'il avait pris pour sa beauté, et installé dans
une mansarde où il vous emmenait l'admirer :

— Tenez, tenez, regardez-moi ça !... Ça...
Ça... Et ça ? Ah !...

Un goût et une élégance des plus rares se re-
marquaient d'ailleurs dans son hôtel, et le salon,
tout en vieux Beauvais, était particulièrement
beau. On était ainsi loin de la politique, et il ne
fallait pas, lorsqu'il vous montrait et vous com-
mentait ses Goya, ses lits Renaissance ou ses
vieux Beauvais, que le délégué d'un comité ra-
dical lui fît passer sa carte pour lui demander
un entretien sur le scrutin de liste ou la question des écoles. Il la lisait avec une indéfinis-
sable grimace, vous regardait en riant du coin
de l'œil, prenait un air d'épouvante comique et
faisait répondre qu'il n'y était pas.

L'horreur des bavards était aussi une de ses
particularités, et il ne savait comment s'ingénier
à les fuir. Quand il n'y parvenait pas, il en éprou-
vait un agacement indissimulable, et cet effroi
des fâcheux, des « raseurs », ce don de les deviner et de les flairer, il les avait même communiqués à son personnel qui mettait son zèle à les

éloigner, ou les lui annonçait d'un ton qui l'avertissait :

— Monsieur, il y a là un monsieur...

— Un monsieur ?... Qui ça ?...

— Oui, Monsieur le connaît... Monsieur se doute... C'est...

Rien qu'au sourire de la bonne ou du garçon, il avait deviné le « raseur », secouait la tête, levait les bras avec effarement, et le « raseur » était congédié.

Les ivrognes lui inspiraient également une insurmontable répulsion. Il ne buvait d'ailleurs lui-même que de l'eau, ne tolérait pas les excès de boisson, et se méfiait, comme d'un fléau, du rédacteur ou de l'employé qui avait tant soit peu la réputation de s'y livrer.

— Oui, disait-il, en fronçant le sourcil et en balançant la tête, c'est un bon garçon, c'est un brave homme, c'est tout ce que vous voudrez, mais c'est un pochard... Et les pochards... Ah ! les pochards...

— Mais il est en train de se corriger... Il ne boit plus.

— Allons donc... A d'autres !... Je vous répète qu'un de ces jours il nous arrivera quelque chose avec lui... Vous verrez... Qui a bu boira... Je n'en veux pas...

Il n'aimait pas non plus les Juifs, et les appelait des « juifaillons », mais se trouvait obligé de les supporter. Au théâtre, au pesage, à l'Hôtel Drouot, dans la presse, dans son propre journal, il en rencontrait forcément partout, et ne leur disait pas ce qu'il pensait, mais n'en pensait pas moins, les regardait d'un certain œil, et en revenait toujours, lorsqu'il parlait de l'un d'eux, à son expression de « juifaillon ».

Grisonnant, mais l'air encore jeune, il avait alors cinquante ans, une tête connue de tous les cochers de fiacre qui le menaient, de jour et de nuit aux courses et aux « premières », et son portrait a été fait cent fois, mais aurait pu l'être mille, tant sa physionomie dégageait de vie et exprimait d'originalité. Grêlé de petite vérole comme Mirabeau, armé d'un front qui valait dans son genre celui de Victor Hugo, huppé de ce toupet célèbre comparé par Alphonse Daudet à une « flamme de punch » et auquel une barbiche mobile et ironique donnait la réplique au-dessous d'une bouche où riaient les plus jolies dents, presque des dents de jolie femme, il avait, avec cela, sous des orbites d'une profondeur menaçante, des yeux striés de gris et de bleu à moins que ce ne fût de noir et de vert, qui passaient successivement, selon qu'il parlait à un ami, à un ennemi ou à un « raseur », du sourire le plus aimable à la malice la plus perçante ou à l'horreur la plus visible. Était-il vraiment républicain et démocrate ? Il croyait l'être, mais n'avait rien, en réalité, ni de l'un ni de l'autre. Bien qu'il eût renoncé à sa particule, il était d'abord et avant tout le marquis de Rochefort-Luçay, et ne faisait, au fond, que continuer les marquis du xviiie siècle qui emboîtaient follement le pas aux philosophes pour saper avec eux l'Église et le Christianisme. Il recommençait à sa façon les grands seigneurs libertins qui frisaient le bûcher en se faisant un sport et une joie de saccager la morale et la religion. On se le figurait facilement, quand on savait le regarder, criblant de ses libelles Richelieu ou Mazarin, et se faisant exiler dans ses domaines ou finissant même en place de Grève, deux ou trois siècles plus tôt. Un gentilhomme révolté comme en connaissait l'Ancien Régime, tel était en somme, et au vrai, ce retentissant pamphlétaire au toupet en « flamme de punch », aux jolies dents, et fanatique amateur des lits Renaissance, des belles toiles et des hippodromes.

Chez le Rochefort dont il restera une légende, on en comptait ainsi plus d'un et, avec ceux-là, il y en avait même encore un autre. Ce terrible homme d'esprit était un grand et sensible ami des bêtes. Comme il avait été sous l'Empire partisan de la République, et partisan de la Commune sous le gouvernement de Versailles, il ne pouvait manquer sous la République d'être partisan du Boulangisme. Il s'y était jeté à plein corps, et l'un de ses premiers actes, en se réfugiant à Londres pour échapper à la Haute-Cour, avait été de recommander ses chats mis sous les scellés au président de la Société protectrice des animaux. Il s'en était remis publiquement à lui dans une lettre à la fois pleine d'humour et de cœur, et l'avait supplié de ne pas les laisser mourir de faim. L'histoire était jolie, mais ne valait pas cependant celle du perroquet, arrivée quelques années auparavant, et qui ne fut pas loin d'être épique.

— Mon cher, ne cessait-il de vous répéter, avez-vous vu mon perroquet ?... Non... Venez le voir... Vous n'aurez jamais rien vu de pareil !

Et c'était, en effet, un merveilleux animal. Un explorateur, au retour d'une de ses tournées, lui avait offert en signe d'admiration un ara géant, un prodige de grosseur et de splendeur, orné d'une queue de plus d'un mètre. On aurait dit une explosion de pierreries. Rochefort ne s'en était pas seulement extasié, mais l'avait pris en affection, installé dans son salon sur un imposant perchoir, et là, tout en le choyant, en le caressant, en lissant son éblouissant plumage, en l'embrassant sur son énorme bec noir, il lui apprenait à crier : *Vive la République*, *A bas Badinguet*, et à pousser, selon les événements, d'autres exclamations où reparaissait la politique.

— Venez voir Coco, vous disait-il, il est inouï... Et vous allez l'entendre... Écoutez... Tenez... Allons, Coco, allons !... Coco, allons !... *Vive la Ré-*... *Vive la Répu...*, *A bas Bad...* *A bas Badingue... Vive la Ré... Vive la République.*

Et Coco, sur son perchoir, finissait par répéter vaguement des *Vive la Ré...* et des *A bas Badingue*, toute en y mêlant des grognements et des gloussements, en faisant claquer son gros bec et en secouant son interminable queue.

Ah ! le tableau n'était pas banal, et ce rutilant et colossal ara, solennellement installé sur son perchoir comme sur un trône, au milieu des tableaux rares et des vieux Beauvais, et qui vous recevait en se rengorgeant, en se gonflant, en grommelant, en ronflant, en bruissant des *Vive la Ré...* des *Vive la Pu...* des *A bas Bade...*, réjouissait tout le monde, surtout quand il confondait les cris, et gloussait *Vive Badingue* ou *A bas la Blique !*

Un jour, malheureusement, une irréparable catastrophe consternait le pauvre Rochefort. Il revenait des courses sur le tard avec un ami et voulait encore lui montrer le fameux Coco, lorsqu'en ouvrant la porte du salon il n'y apercevait plus qu'un affreux chaos de crins et de loques où se dressait le perchoir, mais sans le perroquet, et où des gloussements et des claquements de bec indiquaient seulement qu'il était toujours là. On avait eu l'imprudence de l'abandonner à lui-même et de le laisser libre toute une journée. Les domestiques s'étaient donné congé, personne n'était resté pour le surveiller, et le merveilleux mais diabolique ara avait passé son temps à becqueter, à crever, à déchiqueter, à vider de leur garniture tous les fauteuils et tous les canapés du salon. Coco avait tout saccagé, les vieux Beauvais n'étaient plus qu'un massacre, et il se reposait maintenant dans un coin, perché sur un meuble, d'où il faisait encore vaguement entendre, au milieu de ses grognements et de ses ronchonnements, des *Vive la Ré...*, des *A bas Dinguet...*, des *A pas la Pu...*, et des *Vive la Blique...*

Bien des années plus tard, en allant un soir à

Neuilly dîner chez Gyp, j'y reconnaissais un invité que je n'avais pas revu depuis plus de quinze ans, et qui me tendait la main en me voyant lui-même entrer. Rochefort, car c'était lui, allait alors être septuagénaire, s'il ne l'était pas déjà, mais était bien toujours le Rochefort de la cité Malesherbes, tout en n'étant plus cependant tout à fait le même. Avec l'âge, et sous les coups de lumière de l'Affaire Dreyfus, de la Verrerie ouvrière et d'autres affaires, il avait fini par se rallier à la cause de l'ordre, comme certains grands capitaines des vieux temps de fronde se ralliaient à celle du Roi. Toujours amusant, il nous racontait, à un moment, comment, encore tout jeune homme, il avait débuté dans *le Mousquetaire* dont Alexandre Dumas était le directeur, et où les rédacteurs n'étaient jamais payés. Si illustre que fût le patron, ils ne se résignaient pas à le voir toujours prendre tout pour lui dans la caisse sans jamais leur laisser un sou, et lui adressaient un jour une lettre collective où ils réclamaient une rétribution, en déclarant respectueusement que, faute de l'obtenir, ils seraient obligés de donner leur démission. Ils pensaient avoir satisfaction, mais tombaient de stupeur en lisant, dans le numéro du lendemain, cette note extraordinaire que pas un autre directeur de journal n'aurait certainement osé se permettre : *Nous avons une bonne nouvelle à annoncer à nos lecteurs. Tous mes collaborateurs viennent de m'apporter leur démission. Ils quittent tous Le Mousquetaire. Le public, en conséquence, n'a plus aucune espèce de raison de ne pas s'abonner en masse.*

A un demi-siècle de distance, cette joyeuse mésaventure de jeunesse égayait encore sa victime. Et que ne s'échangea-t-il pas de verve et d'esprit, dans cette aimable soirée, entre le débutant du *Mousquetaire* devenu le terrible polémiste de *l'Explosion d'une Marmite* et l'auteur du *Journal d'un Grincheux* et de *Mon Ami Pierrot !* Je ne m'en rappelle guère que le charme, comme on ne se rappelle, de certaines journées, que la vision de leur soleil, mais le souvenir du soleil ne s'est pas effacé. Gyp, comme dans ses romans satiriques, montrait, dans sa causerie, cette drôlerie cavalière et combative qui avait tant séduit le siècle mourant et devait encore amuser le siècle naissant, et Rochefort, tout en vous racontant de vieilles gaietés, n'avait pas cessé d'être jeune sous son toupet devenu blanc.

II

Un des salons de Paris les plus en vogue aux environs de 1895, mais dont une terrible affaire correctionnelle devait éteindre les lustres, fut celui de Jacques Saint-Cère. D'origine allemande, et de son véritable nom Rosenthal, il avait été lancé par Gambetta, lui était resté fidèle et ne tolérait pas qu'on le plaisantât ou qu'on le critiquât devant lui. Très renommé pour ses bulletins du *Figaro* sur la politique étrangère, écrivant aussi au *New-York Herald*, à *la Vie Parisienne*, au *Gil Blas*, dans d'autres publications importantes ou à la mode, et gagnant beaucoup d'argent, il menait grand train, avait sa voiture, arrivait chaque soir au *Figaro* au bruit du grelot de son cheval, et donnait, rue Aubert, des dîners et des réceptions où venait une partie du Tout-Paris.

Grand et corpulent, cossu, avec un type de juif brun fortement marqué, l'œil à la fois voilé et éveillé sous un binocle qu'il ne quittait pas, il vous donnait surtout l'impression d'un gros homme fin et malin, dont la physionomie avait à la fois quelque chose d'obscur et d'aigu. Remarquable journaliste, et des plus avertis sur tout ce qui relevait d'un art, d'une littérature ou d'une politique, il vous laissait seulement quelquefois entrevoir dans sa conversation des opinions bizarrement subversives pour un collaborateur de journaux conservateurs ou mondains. On était au plus fort des attentats anarchistes, des bombes, de « la propagande par le fait », et il ne craignait pas de vous dire, d'un étrange ton de gaieté, tout en montant dans sa victoria ou son coupé et en s'y étalant sur ses coussins :

— Allons, avouons-le... Au fond, tous ces gens-là n'ont pas tout à fait tort !

Chez lui, il recevait avec faste. Ses dîners étaient satrapesques et dépassaient tout comme somptuosité dans le service. On y voyait trop de nappes en satin et de serviettes dorées. Chaque convive avait devant lui, pour son éclairage personnel, une éblouissante petite lampe électrique sous un merveilleux petit abat-jour, et les cuillers, les fourchettes, les couteaux, l'argenterie, la verrerie étaient si splendides, si prodigieusement rares et fragiles qu'on osait à peine y toucher.

— Il y a vraiment ici quelque chose d'un peu ennuyeux, s'amusait à dire une dame amie de la maison... On a toujours peur d'y casser son verre ou son assiette... On se demande ce que ça pourrait bien représenter d'argent... C'est gênant !

De même que les dîners n'étaient pas ainsi des dîners comme ailleurs, les soirées n'étaient pas non plus des soirées comme toutes les soirées. Saint-Cère y déployait une animation extraordinaire, allait continuellement de l'un à l'autre, égayait les causeries, poussait aux rafraîchissements qui ne cessaient de circuler sur de magnifiques plateaux, surchauffait la bonne humeur générale et, à la fin de certaines réceptions plus particulièrement nombreuses et brillantes, se dressait à un moment à la porte du salon, regardait s'agiter les groupes, puis criait tout à coup :

— Attention !... Personne ne bouge plus !... Tout le monde immobile !

En même temps, un photographe paraissait avec son trépied, l'installait, vissait son appareil et vous invitait à vous grouper dans le décor des tentures et des bibelots :

— Vous, Monsieur, plutôt là... Mais comme

vous le voudrez... Et vous, Madame, si cela ne
vous déplaisait pas... Mais comme il vous plaira...
Là... Là... Parfait !... Ne bougez plus...

Et une grande lueur violette, une explosion de
magnésium, illuminait le salon... C'était fait...
Tout le monde était pris...

Tout ce que Paris comptait d'important ou
d'honorable ne défilait pas à ces soirées, mais il
en venait une bonne partie, et, quand on y rencontrait certaines notoriétés, certaines autorités
et certaines illustrations, écrivains, académiciens,
membres du gouvernement, lorsqu'on voyait
Saint-Cère leur distribuer des cigares, échanger
avec eux des « cher ami », leur donner des conseils pour le remaniement de l'Institut ou des
ministères, on ne pouvait pas ne pas rester un
peu stupéfait, même en n'y croyant pas, de tout
ce qui se racontait ou s'insinuait sur lui d'autre
part. Jamais autant d'histoires ou de soupçons,
d'ailleurs vagues et d'apparence fantastique,
n'avaient peut-être, en effet, couru sur quelqu'un, et les bureaux du *Figaro*, où il détenait
avec éclat la rubrique de la politique étrangère,
étaient l'un des milieux où il en circulait le
plus. Chaque soir, dans la salle de rédaction,
lorsqu'on entendait sa voiture, reconnaissable au
bruit du grelot du cheval, s'arrêter devant la
maison, certains rédacteurs ne manquaient jamais de se lancer entre eux, en échangeant des
coups d'œil :

— Voilà son grelot !

Un instant après, il entrait bruyamment et

d'un air important au milieu d'un silence gla-
cial, déployant des journaux, décachetant des
lettres, demandant les dernières nouvelles,
échangeant de rares poignées de main, tout cela
rapidement, dans la froideur persistante, et ne
paraissant pas s'apercevoir des sourires qui s'es-
quissaient sur les figures, lorsqu'il passait sous
la lyre d'un bec de gaz où quelqu'un avait sus-
pendu un petit gendarme en bois qu'on faisait
danser comme un polichinelle. Puis, il allait
dans son bureau, et les rires se donnaient alors
libre cours, pendant qu'une voix ou une autre
ne craignait pas de fredonner :

— Il court, il court, le gendarme... Il va passer par ici...

Je montais un jour voir un de mes amis à son
bureau, et je le trouvais au milieu d'autres rédacteurs. Ils parlaient encore et toujours de
Saint-Cère, et, comme je leur demandais des pré-
cisions, que personne ne paraissait d'ailleurs
vouloir donner, l'un d'eux me dit en souriant :

— On voit que vous n'avez pas souvent l'occasion d'aller à l'étranger ?... Si vous l'aviez,
vous sauriez ce qu'est Saint-Cère.

Chacun acquiesçait plus ou moins à l'observa-
tion, on parlait ensuite d'autre chose et mon ami
me confiait en se retrouvant seul avec moi :

— Mon cher, j'ai longtemps pensé comme
vous que tout ce qui se colportait sur Saint-Cère
ne reposait sur rien, mais il m'est arrivé une
incompréhensible aventure à la suite de laquelle
j'ai plutôt changé d'avis... L'hiver dernier, j'a-

vais dû aller dans une petite ville d'Auvergne, et je m'y trouvais à l'hôtel en train de déjeuner, lorsque le patron, qui m'observait avec un air d'hostilité que je ne comprenais pas, finissait par s'approcher de moi et me demandait d'un ton que je n'oublierai de ma vie : « — Monsieur, vous êtes du *Figaro* ? — Oui, Monsieur. — Est-ce que ce n'est pas le journal de M. Saint-Cère?... » Mon cher ami, vous ne pourrez jamais vous figurer de quelle façon me parlait et me regardait cet homme, qui ne semblait pas cependant un mauvais homme, uniquement parce que le journal où j'écrivais était le « journal de M. Saint-Cère » !

— Mais avez-vous su ce qu'il pouvait avoir contre lui ?

— Jamais !... J'ai eu beau le questionner, insister, m'acharner à l'interroger, il n'a absolument rien voulu me dire... Seulement, il me regardait toujours d'un œil hostile... Pourquoi ? Je n'ai jamais pu le savoir... Mais Saint-Cère fait vraiment par trop s'agiter les langues... Est-il un agent de l'Allemagne, comme certains le prétendent ? Je n'en sais rien, et je ne le crois pas. Mais on dit partout trop de mal de lui, même là où il est extraordinaire qu'on puisse avoir à en dire... Je vois toujours la tête de mon hôtelier... J'ai failli ne pas pouvoir en finir mon déjeuner !

Je rencontrais quelquefois chez les R... un jeune et riche peintre étranger que sa famille avait envoyé à Paris suivre les cours de l'École des Beaux-Arts et prendre l'air des milieux artistiques. Il mêlait volontiers aux histoires de son pays les potins des salons et des ateliers, et me demandait un soir :

— Vous connaissez M. Saint-Cère ?

— Jacques Saint-Cère ?... Mais je ne connais que lui !

— Oui, vous devez le voir au *Figaro ?*

— Justement.

— Eh ! bien, j'ai moi-même été son grand ami, et nous avons été intimes. Il y a trois ans, à mon arrivée à Paris, j'étais allé voir un homme d'affaires à qui j'avais proposé 500 francs par homme célèbre qu'il me ferait connaître. Il acceptait et, dès les jours suivants, j'avais fait la connaissance de M. Saint-Cère. Au bout d'un mois, nous ne nous quittions plus. J'allais constamment chez lui et il venait constamment chez moi, lorsque je le voyais arriver un matin tout décomposé. « Mon cher ami, me disait-il, j'ai perdu cette nuit 10.000 francs, je ne les ai pas pour le moment et je viens vous demander de me les prêter... » Comme j'aimais autant ne pas risquer de les perdre moi-même, je lui répondais que je ne les avais pas. Alors, il tirait un revolver de derrière son pantalon, me racontait qu'il avait déjà couru tout Paris pour trouver la somme, ajoutait qu'il était déshonoré, qu'un homme comme lui ne devait pas l'être, et qu'il me demandait pardon, mais qu'il allait se tuer... Effrayé, j'allai à mon secrétaire, et je lui donnai un chèque de 10.000 francs. Il m'en remer-

ciait en pleurant, m'embrassait, me jurait qu'il
me serait éternellement reconnaissant, sortait, et
je ne l'ai plus revu.

— Et vous n'avez pas revu non plus vos
10.000 francs ?

— Jamais.

— Il ne vous invite pas à ses dîners et à ses
soirées ?

— Il ne m'y a jamais invité.

Saint-Cère se doutait-il de tout ce qui se racontait ainsi sur lui ? Il ne pouvait guère l'igno-
rer et donnait d'ailleurs à l'occasion des coups de
sonde dans les dispositions de ses confrères à
son égard, mais n'eut pas à se féliciter, un certain soir, de l'effet qu'il produisit dans un banquet en voulant y prendre la parole. Comme il
collaborait au *Gil Blas* sous le pseudonyme de
Sancho, il était venu à un dîner offert par le journal à ses actionnaires et à ses amis de la presse
et des lettres. On l'avait mis à la table d'honneur,
et les toasts, au dessert, s'étaient succédé au milieu des applaudissements et de la cordialité générale, lorsque le président en annonçait encore
un. Toutes les têtes se dressaient, Saint-Cère se
levait, et un froid de glace saisissait immédiatement l'assistance. Pas une réflexion, pas un
mot, pas un rire, mais une extraordinaire, terrible et muette antipathie. On avait l'impression de passer, en une seconde, d'une tempéra-
ture de serre chaude à 30 degrés au-dessous de
zéro, et il en était lui-même anéanti malgré toute
son incroyable assurance, prononçait seulement

quelques phrases vagues, puis retombait sur sa chaise au milieu d'un silence polaire.

Rien ne pouvait ainsi dissiper la nuée de mauvais bruits qui le suivaient partout, et le chef d'un département ministériel demandait un jour à un de ses fonctionnaires :

— Est-ce que vous n'allez pas chez M. Saint-Cère ?

— Oui, et je dois même y dîner demain.

— Eh ! bien, je vais vous donner un conseil d'ami... N'y allez pas... Croyez-moi... Je vous rends en ce moment un service dont vous me saurez gré... On ne doit pas fréquenter chez M. Saint-Cère... N'y allez plus...

— Mais...

— Croyez-moi bien... N'y allez plus...

Impressionné par l'avertissement, le fonctionnaire avait réfléchi, hésité, mais s'était rendu quand même à l'invitation, et qui avait-il rencontré au dîner ?... Le ministre !

Malgré tous les soupçons, toutes les méfiances et tous les racontars, les réceptions de la rue Aubert n'avaient jamais, en effet, aussi brillamment battu leur plein. Gens de lettres, gens du monde, fonctionnaires, académiciens, hommes politiques y venaient de plus en plus nombreux. Nappes de satin, serviettes dorées, verreries de Bohême, argenteries rares y faisaient de plus en plus merveille, et toujours, à la fin de certaines soirées, on voyait, à un moment, s'ouvrir la porte du salon, un photographe y planter son appareil, et Saint-Cère se dresser dans sa carrure et son importance, en criant joyeusement d'un ton de commandement :

— On ne bouge plus !... Chacun à sa place !... Attention, tout le monde immobile !

Et le photographe :

— Tenez, Monsieur, si ça ne vous contrariait pas trop, mettez-vous là... Là, là... C'est ça... C'est ça... Très bien... Parfait...

Une explosion de lumière, quelques secondes après, inondait encore le salon, et toute la société était une fois de plus fixée sur la plaque... A quelque temps de là, seulement, ce n'était plus une illumination de magnésium qui surprenait les amis de la rue Auber, mais un de ces coups de tonnerre qui vous anéantissent, une de ces nouvelles qui font époque dans les informations « de la dernière heure ». Jacques Saint-Cère était inculpé dans une affaire de chantage et remis au juge d'instruction. Tout le Boulevard en bourdonnait, tous les cafés en étaient en rumeur, et le soir, au *Figaro*, à l'arrivée d'Albert Bataille, le chroniqueur judiciaire de la maison, tous les rédacteurs accouraient lui demander avec précipitation, et d'assez nombreux avec joie :

— Eh ! bien ?... Eh ! bien ?...

Bataille avait toujours particulièrement détesté Saint-Cère, prédit qu'il finirait mal, et il répondait gaiement avec son savoureux accent blaisois :

— Nous n'entendrons plus son *guerlot !*

Une plainte, pour un délit dont avait été victime le jeune Max Lebaudy, le multimillionnaire

Petit Sucrier, avait été déposée contre quelques journalistes, Jacques Saint-Cère était du nombre, et le procès allait s'engager, lorsqu'on voyait un jour, sur les boulevards, des promeneurs s'arrêter en nombre autour des kiosques des journaux et s'empresser d'y acheter une revue illustrée qu'ils feuilletaient en riant.

On leur demandait :

— Qu'est-ce qu'il y a donc dans la revue ?

— Achetez-la... Achetez-la !

On l'achetait, et on y retrouvait, reproduites en grand, les photographies des soirées de la rue Auber. Tous les habitués y figuraient, et les plus célèbres aux places les plus en vue, soigneusement et glorieusement mis en lumière !

Saint-Cère sortit de l'affaire acquitté, mais moralement tué par un de ces incidents dont un homme ne se relevait pas encore en ce temps-là.

— Rosenthal, lui disait à un moment le président, en l'appelant par le nom sous lequel il figurait dans l'une des pièces du dossier, j'ai le devoir de vous rappeler qu'il existe contre vous une condamnation par défaut à treize mois de prison pour abus de confiance et escroquerie.

— C'est faux ! hurlait Saint-Cère en bondissant et tout tremblant de colère... Jamais je n'ai été condamné à rien, et jamais je n'ai eu connaissance de cette peine !

— Vous n'avez, en effet, jamais fait cette peine, répliquait le président... Seulement, à l'instant même où elle vous frappait, vous passiez en

Allemagne et vous n'en reveniez qu'après la prescription.

— Mais c'est faux, faux, faux ! hurlait encore Saint-Cère fou de fureur au milieu des exclamations et des ricanements de la salle, je suis honnête, je l'ai toujours été, et on me calomnie !... Je ne sais même pas sur quoi peut reposer un pareil jugement, et je n'en ai jamais entendu parler !

— Eh ! bien, reprenait le président, vous avez été condamné pour avoir emprunté leurs montres à des filles de bar et les avoir mises au Mont-de-Piété, pour avoir fait courir tout Paris à des cochers sans les payer, après vous être fait donner du tabac par eux, et pour d'autres délits du même genre... Seulement, je vous le répète, vous avez disparu tant que le jugement aurait pu vous être appliqué, et vous n'êtes revenu en France que lorsqu'il ne pouvait plus vous atteindre... On n'a jamais pu savoir exactement où vous étiez tant qu'il n'y a pas eu prescription, mais on a eu toutes les raisons de supposer que vous étiez en Allemagne... On en est même sûr...

Affolé, Saint-Cère avait encore crié, bondi, blêmi, hurlé à la méprise et à la calomnie, mais la salle n'avait toujours fait qu'en rire, l'incident l'avait terrassé, et tout avait été fini pour lui.

— Et notre vieux Saint-Cère ? me disait un peu plus tard en me rencontrant un peintre dont j'avais fait la connaissance aux soirées de la rue Auber... Personne n'en parle plus... On ne se souvient même plus de lui... Ah !... Comme c'est bien parisien !... Mais vous savez ce qu'il est devenu ?

— Non.

— Eh ! bien, il est chez D... Vous savez bien, D..., le jeune peintre étranger à qui il avait soutiré 10.000 francs, qui ne les avait pas revus, et qui le racontait à tout le monde !... Ils se sont réconciliés, et Saint-Cère a remis la main sur lui. Il vit dans son hôtel et fait, à ce qu'il paraît, la pluie et le beau temps dans la maison... Il menace même quelquefois, à ce qu'on raconte, le malheureux D... de le mettre à la porte... J'habite en face, et je les ai encore vus ce matin sortir ensemble... Ils n'ont jamais été aussi bien, ils se tutoient... Est-ce assez joli !

A quelques années de là, Saint-Cère mourait, de plus en plus oublié, et quelques-uns de ceux qui avaient été plus particulièrement ses amis ne l'avaient pas, malgré tout, complètement abandonné, mais ne racontaient pas non plus sans humour comment il avait fini. Délaissé et malade, il n'en continuait pas moins à s'intéresser passionnément à la vie parisienne, ne se consolait pas de ne plus y tenir un rôle, demandait nerveusement des nouvelles des uns et des autres et, à certains noms, serrait les lèvres, secouait la tête avec colère et disait entre ses dents, enfoui dans son fauteuil, en crispant ses mains sur ses jambes sous sa couverture :

— Je les aurai !... Je les aurai !...

Il répétait ainsi constamment :

— Je les aurai!... Je les aurai!... On les aura!... On les aura !...

En attendant, il allait de plus en plus mal, et un jour, avertis de la gravité de son état et venus pour lui faire une dernière visite, ses amis attendaient depuis quelques instants dans son antichambre le moment d'être introduits auprès de lui, quand on sonnait à la porte de l'appartement, et lorsqu'un monsieur qu'ils ne connaissaient pas entrait précipitamment, passait devant eux comme une flèche, était introduit sans attendre, restait trois ou quatre minutes, puis repartait, toujours en coup de vent.

— Quel est ce monsieur ? avaient-ils demandé tout stupéfaits à la domestique.

Elle leur avait répondu :

— C'est l'homme des Courses qui vient d'apporter les derniers tuyaux...

Quelques jours après, Saint-Cère était mort, après avoir lutté, pour vivre, jusqu'à son dernier soupir... Nous avions déjà commencé, à cette époque, à voir de ces événements comme en connaissent les pays qu'attendent les cataclysmes, et Saint-Cère n'avait naturellement pas manqué, à l'occasion de l'Affaire Dreyfus, de vouloir se remettre en selle. Il avait même cru pouvoir y compter, et fondé alors *le Cri de Paris* pour y exécuter ceux qu'il voulait « avoir », mais n'y avait pas réussi. L'heure de certains rétablissements n'avait pas encore sonné.

CHAPITRE VII

POLICE ET BAS-FONDS

I

Les « beaux crimes », comme disait J.-J. Weiss,
ont toujours passionné la curiosité publique,
mais jamais comme au temps des affaires Prado,
Gouffé et du Panama. Les Barboux et les Demange étaient à cette époque les grands maîtres
du Barreau, les Labori, les Millerand et les Henri
Robert en étaient l'avenir, et la Police des Goron, des Jaume et des Rossignol était elle-même
le dernier mot de la mode.

Je faisais au *Gil Blas* la physionomie des grands
procès, j'avais été frappé de tout ce qu'ils laissaient entrevoir, en dehors des audiences, d'extraordinaire et d'ignoré, quelquefois même d'invraisemblable et de monstrueux, et une entrevue
avec Goron, alors chef de la Sûreté, m'avait con-
firmé dans cette impression. Mieux renseigné que
personne sur tout ce qui était crime ou monde

criminel, très parisien en même temps que d'esprit cultivé, il n'avait pas eu besoin de longues explications pour comprendre les raisons de ma visite, et m'avait dit tout de suite, en souriant d'avance à l'idée de ce qu'allait me révéler le tourisme qui me tentait :

— Il faut que vous fassiez la connaissance de Rossignol et de Jaume. Ils vous mettront eux-mêmes en rapport avec leurs agents, et vous saurez par eux tout ce qu'on peut savoir... Vous en verrez, et vous en entendrez...

J'allais, en effet, en voir et en apprendre, et ma première excursion me donnait déjà lieu de m'en féliciter.

Rossignol m'avait confié à deux jeunes agents de la voie publique, les inspecteurs Blusset et Ysquierdo, deux vaillants et joyeux garçons qui m'avaient tout de suite surpris par leur passion pour leur métier, la conscience qu'ils mettaient dans leur mission et la gaîté avec laquelle ils s'en acquittaient. Nous revenions d'une tournée dans les environs de la Bastille, et nous passions vers les huit heures du soir boulevard Bonne-Nouvelle, lorsque nous y étions arrêtés par l'incendie d'un marchand de couleurs dans une rue voisine.

— Courons au feu ! s'étaient immédiatement écriés les deux agents en fendant la foule et en se précipitant dans la rue.

Une femme accourait en même temps en poussant des cris et en suppliant qu'on sauvât son mari. Il était vieux, paralysé, et ne pouvait pas bouger de sa chambre, au deuxième étage au-dessus de la boutique en feu. Il allait être brûlé.

— Au deuxième ?... se faisait fiévreusement expliquer Blusset, celui des d'eux agents qui dirigeait l'autre... Au-dessus de la boutique ?...

Nous étions devant la maison, et je le vois toujours la mesurant des yeux, la figure éclairée par les flammes qui sortaient par les fenêtres, serrant les poings et les dents, les joues et le menton crispés. Puis, d'un bond, ils disparaissaient tous les deux dans un escalier, près de la fournaise. C'était comme l'élan de deux baigneurs qui auraient piqué une tête du haut de la girafe. Seulement, au lieu de la piquer dans l'eau du haut en bas, ils la piquaient dans le feu de bas en haut, et reparaissaient un instant après, tenant le paralysé dans leurs bras et courant le porter dans un débit de vin.

— Allons, lui disaient-ils gaîment en l'y déposant, et tout en secouant des étincelles de leurs moustaches et de leurs casquettes, t'es sauvé, mon vieux !

— C'est pas plus malin que ça.

— Seulement, tu sais..., on ne gèle pas, là-haut...

La femme s'était assise auprès de son mari, et lui demandait anxieusement comment il se trouvait, s'il n'avait pas de brûlures, s'il n'était pas blessé, mais il semblait déjà tout ragaillardi et répondait avec soulagement, en haletant encore un peu, pendant que les deux agents l'écoutaient en riant :

— Mais ça ne va pas mal, non, pas mal, pas trop mal... Ça m'a procuré une petite réaction.

C'était un tout petit vieux, et qui n'avait pas dû peser très lourd dans les fortes mains qui l'avaient enlevé. Ils avaient, lui et sa femme, la physionomie d'un de ces ménages de vieux petits bourgeois qui finissent une petite existence tranquille dans une paisible petite aisance où ils entendent ne pas se faire de mauvais sang, et elle se penchait, à un moment, à son oreille en lui parlant à demi-voix, mais assez haut pour qu'on l'entendît lui rappeler la reconnaissance qu'il devait à ses sauveteurs. Puis, elle se levait et venait au comptoir où se rafraîchissaient les agents.

— Messieurs ?

— Madame ?

— Tenez...

Et elle leur remettait à chacun une pièce de vingt sous qu'ils laissaient tomber par terre en éclatant d'un rire comme je n'en ai pas entendu souvent. Chaque fois ensuite que je les revoyais pour refaire une excursion, ils ne manquaient jamais, à un moment, de me rappeler en riant ces vingt sous, le prix de la reconnaissance du petit vieux et de sa petite bourgeoise.

— Ah ! l'incendie du marchand de couleurs !

— Le petit vieux !

— Les vingt sous !

— La petite réaction !

Et ils se frottaient les mains en rigolant.

II

Rossignol s'était fait une véritable célébrité, et quelques-uns de ses exploits tenaient un peu, en effet, du prodige. Fils d'un officier sans fortune, il avait été élevé comme enfant de troupe, s'était engagé ensuite aux Zouaves de la Garde et avait été admis comme clarinette dans la musique du régiment. Interné en Allemagne en 1870, puis rentré en France, il était retourné aux Zouaves et revenait en 1875 de la campagne de Kabylie, quand il avait quitté l'Armée pour la Sûreté, où l'ancien zouave joueur de clarinette avait fait merveille.

L'agent de police modèle, comme on le rêvait alors, n'était pas un être ordinaire. Il n'avait d'heure ni pour dormir, ni pour manger. Au petit jour à Pantin, à midi à Vaugirard, le soir à Montmartre, à minuit à Palaiseau, il apprenait tout à coup, par un indicateur, que l'assassin filé était à Madrid ? Sans s'être reposé, il sautait dans le train et se relançait à sa poursuite. Puis, de Madrid, s'il le fallait, il repartait pour Lisbonne, de Lisbonne pour Londres, de Londres pour Berlin, et finissait par trouver son bandit, mais il avait fait tous les métiers, pris tous les costumes, toutes les figures, couché dans les rues, fréquenté les bouges, plongé dans tous les cloaques et bravé tous les genres de mort. Tout cela pouvait se dire de Rossignol, et la physionomie même de l'homme était significative. Plutôt petit, trapu, leste, nerveux, puissant d'épaules, il avait une figure où se mélangeaient la rudesse, la ruse et la sensibilité, deux yeux d'une clarté perçante, des muscles qu'on voyait jouer sous ses manches, et, avec cette figure et cette carrure, sous la petite calotte noire dont il se coiffait dans son bureau, un air d'être tout en fer.

J'ai gardé une copie de ses états de service d'inspecteur, et ils sont aussi curieux par le laconisme des mentions que par le bon marché auquel on évaluait les services rendus à la sécurité publique :

1ᵉʳ janvier 1878, zèle et intelligence dans le service : traitement porté à 1.300 francs... 1ᵉʳ janvier 1879, zèle et intelligence dans le service : traitement porté à 1.500 francs... Avril 1879, arrestation des assassins Gille et Abadie : 30 francs de gratification... Mai 1879, acte de courage et d'intelligence dans une mission périlleuse pour laquelle il s'est spontanément offert : traitement porté à 1.600 francs... Juin 1879, s'est jeté dans la Seine pour sauver un cheval qui allait se noyer : 20 francs de gratification... Avril 1880, arrestation de l'assassin Richelet : 20 francs de gratification... Avril 1880, arrestation de Sonnet, auteur du vol chez le général Schramm : 20 francs de gratification... Décembre 1881, arrestation des assassins de la veuve Stordeur : traitement porté à 1.700 francs... Juin 1886, blessé grièvement en maintenant un cheval emporté : 40 francs de gratification et médaille d'argent de deuxième classe... 20 octobre 1886, a

*procédé à l'arrestation d'un malfaiteur dont il ne
s'est rendu maître qu'après avoir été blessé de cinq
coups de couteau : médaille d'or de première classe...
30 octobre 1886, a procédé à l'arrestation d'un malfaiteur qui l'a blessé gravement de plusieurs coups
de poignard : 50 francs de gratification...*

Et la nomenclature continue par un défilé de
coups de poignard, de sauvetages, d'arrestations,
à 20 ou 50 francs par exploit !

Une vol inexplicable avait été commis chez
un avoué. Tout l'argent du tiroir-caisse avait disparu, sans trace d'effraction et sans qu'il fût possible de soupçonner quelqu'un. On avait inter-
rogé les domestiques ainsi que la concierge, une
bonne vieille femme depuis trente ans dans la
maison, la mère Casamajor, des locataires, des
voisins, mais personne n'avait aucune idée de
rien, ne voyait aucune piste à indiquer.

— Attendez, avait dit Rossignol, je vais vous
trouver le voleur... Laissez-moi seulement passer une nuit dans l'appartement, mais sans qu'on
le sache...

Un soir, il arrivait en cachette avec un collègue, attachait au tiroir-caisse un fil qu'il faisait
cheminer sous les portes et les tapis jusqu'à une
pièce où il s'installait avec son compagnon, après
avoir mis un poids à l'extrémité du fil, et là, il
attendait, guettait, commençant à trouver le
temps long, lorsque le poids remuait au bout du
fil. Il entrait alors dans l'étude, et qui y voyait-il
en train de fouiller le tiroir et de prendre l'argent ?... La bonne et honnête concierge, l'excel-

lente et vieille mère Casamajor qu'il trouvait munie d'une fausse clé !

L'assassinat d'une veuve Stordeur avait fait grand bruit, et on en connaissait l'un des auteurs, un nommé Charles Bistor. Il avait disparu, mais on avait su, par des indicateurs, qu'il se cachait sous un faux nom dans les environs de Paris, on savait aussi le nom qu'il avait pris, et on donnait mission à Rossignol et à Jaume de découvrir l'assassin. Ils se mettaient en campagne, mais l'opération n'était pas facile. Il s'agissait pour eux d'avoir peut-être à battre une centaine de localités, et ils se déguisaient en colporteurs, Jaume en marchand de toile, Rossignol en marchand de bijoux, s'en allaient par les foires et dans les maisons, et tâchaient de faire causer les gens en vendant leur marchandise.

— Allons, criait Jaume en étalant sa camelote, qui veut de bons draps, de bonnes chemises, de belles serviettes de table ?... Tenez, Monsieur... Tenez, Madame, un joli mouchoir de poche... Mais voulez-vous me permettre de vous demander un renseignement ?... Savez-vous si M. Charles est ici ?

— M. Charles ?

— Oui, un marchand.

— Un marchand ?... M. Charles ?... Mais nous ne connaissons pas de M. Charles.

— Pardon... Vous auriez peut-être pu savoir...

Et Rossignol, de son côté, criait en montrant son éventaire :

— Voilà des bagues, des chaînes de montre,
des épingles de cravate, des médaillons pas
cher... Tenez, Madame, une jolie broche... Mais
pardon, je vois M. Charles... Tiens, non, ça n'est
pas lui... Est-ce qu'il n'est pas ici ?... Vous connaissez bien M. Charles ?

— M. Charles ?... Qui ça, M. Charles ?

— Le marchand d'objets de cuisine... Il vient
toujours pour la foire.

De Bourg-la-Reine à Puteaux et de Garches à
Robinson, ils roulaient ainsi des semaines, mais
personne, nulle part, n'avait entendu parler de
M. Charles, et ils avaient fini par renoncer à explorer la banlieue, quand à Creil, où les avaient
dirigés les indicateurs, un client leva la tête à
leur question.

— M. Charles ?... Est-ce qu'il ne vend pas des
livraisons ?

Et, l'appelant par son faux nom :

— M. Charles... ?...

— Oui, c'est bien ça... C'est lui... Où de-
meure-t-il ?

— Tenez, par ici, route de Montataire... Il est
en voyage, mais sa femme doit être là.

Un instant après, ils étaient route de Montataire, frappaient à la porte de la maison et appelaient dans l'escalier :

— Hé ! Charles... Tu es là-haut ?...

— Qui est là ? répondait la femme.

— Des amis... Des marchands... Des cama-
ros... Est-ce que Charles est en voyage ?

— Oui, mais il doit revenir ce soir.

— Bon... Bon... Bien... Merci... Alors, à un autre jour !

Le soir même, Bistor était arrêté.

Un hiver, seul en mission dans le Pas-de-Calais, pour y retrouver un nommé Charpentier, Rossignol s'était déguisé en mineur, et avait parcouru les charbonnages tout une saison, par la glace et par la neige. Une autre fois, dans l'affaire Gille et Abadie, il avait tout dépassé comme audace et travestissement. Les deux assassins, d'après des informations sûres, avaient jeté à un endroit du canal Saint-Martin le couteau avec lequel ils avaient tué la femme Bassingeaud, ainsi que nombre d'objets ramassés dans sa boutique, et le plongeur était descendu dans le canal, mais sans résultat.

— C'est trop fort, avait dit Rossignol, il est certain que tout est là... Comment ne trouve-t-on rien ?... Je vais plonger moi-même. Je trouverai !

En effet, au bout de quelque temps, la corde de communication remontait un marteau, puis une fourchette, une lampe, des verres, des bouteilles, un masque de salle d'armes, toute une boutique de bric-à-brac, et Rossignol remontait enfin lui-même, triomphant et tendant le couteau d'Abadie... Il était resté plus de trois heures sous l'eau et s'écriait en riant, tout exténué qu'il était, dans son scaphandre dégouttant de vase :

— Avec cet habit-là, les pègres ne me reconnaîtront plus !

III

Jaume avait aussi sa célébrité, et la justifiait également par l'éclat et le pittoresque de ses services. Comme Rossignol, il avait été enfant de troupe, mais n'était pas resté dans l'armée, et s'était essayé à tous les métiers. Clerc d'avoué, relieur, bijoutier, hôtelier, marchand de vin, cultivateur, il s'était exercé à prendre toutes les figures, avait même pensé à être acteur, et aurait fait un excellent comique. On avait quelquefois envie de se demander, quand on l'entendait « cuisiner » un assassin dans son bureau, si on n'était pas aux Bouffes. Tout en rondeur et en facéties, avec sa tête en boulet et ses mollets en cerceau, son nez goguenard, son œil pointu, sa voix perçante, son petit ventre et ses gilets à fleurs, il était intarissable de rouerie loquace et burlesque et, avec ses blagues et ses grosses plaisanteries, tirait des criminels des aveux que n'en aurait pas obtenus le meilleur des juges d'instruction.

— Voyons, disait-il à l'escarpe que lui avaient amené les gardiens et qu'il installait sur une chaise après lui avoir fait délier les mains en s'asseyant lui-même devant lui sur le coin de sa table et en mettant sa calotte de travers, voyons, tu as tué une vieille femme, hein ?... Bon, c'est bien, parfait !... Mais pourquoi ne veux-tu pas l'avouer ?... Avoue-le donc !

Puis, avec une solennité bouffonne :

— Allons, tu as commis un crime. Et puis après ?... Mais tout le monde en commet, des crimes !... Mais j'en ai commis, moi... Mais Monsieur qui est là, qui assiste à notre entretien, et qui est substitut, il en a commis aussi... Seulement, nous avons avoué... Voilà tout... Allons, avoue, avoue donc... Qui est-ce qui n'a pas tué sa vieille femme ?

Et, tantôt sur le ton de la farce, tantôt sur celui du drame, se levant, se rasseyant, lançant sa calotte sur la table, se la remettant sur la tête, s'indignant, s'attendrissant, bouffonnant, il chapitrait ainsi durant une heure des voleurs ou des assassins qui finissaient par rire ou par s'attendrir, et se laisser gagner par la bonhomie ou les facéties du « cuisinage ».

Un crime avait été commis à Neuilly. Un jardinier avait été assassiné. On ne s'expliquait pas pour quel motif, mais on n'avait aucun doute sur l'assassin, et il avait été arrêté.

— Vous arrivez bien, me disait Jaume en me voyant entrer un matin dans son bureau. Vous avez entendu parler de l'assassinat de Neuilly. On ne sait toujours pas pourquoi l'assassin a commis son crime, et je viens de l'envoyer chercher pour l'interroger... Vous allez le voir, et je vais l'inviter à déjeuner... Vous assisterez à ça...

Un instant après, on amenait un de ces individus à horrible figure comme il en défile aux assises, et Jaume ordonnait :

— Déliez-lui les mains et laissez-le moi, vous viendrez le reprendre plus tard.

Puis, il disait à l'assassin :

— Alors tu ne veux toujours pas dire pourquoi tu as tué le jardinier ?

— Mais ce n'est pas moi qui l'a tué.

— Blagueur !... On t'a vu... Il y a des témoins... Tout le monde sait que c'est toi... Ne dis donc pas de bêtises, et donne-nous plutôt tes raisons qui pourront peut-être t'excuser. Assieds-toi... Nous allons causer.

Et, tirant sa montre :

— Onze heures... Je t'invite à déjeuner.

En même temps il sonnait le garçon de bureau, faisait installer deux couverts sur une petite table, s'y asseyait, y faisait asseoir l'assassin, et lui disait en lui tendant le menu d'un marchand de vin du voisinage :

— Tiens, tu es l'invité, commande... Mais qu'est-ce que tu as, et pourquoi fais-tu cette tête-là?... Ça ne te va pas de déjeuner avec moi ?

— Mais si, Monsieur Jaume.

— Allons, qu'est-ce que tu prends ?...

Et il le criblait de plaisanteries sous lesquelles l'assassin finissait par rire :

— Dis donc.

— Monsieur Jaume ?

— Il y a du veau à la sauce tomate... Est-ce que tu vas encore oser, après ton assassinat, prendre de la sauce tomate ?

— Oh ! Monsieur Jaume.

— Mais oui, prends-en donc... C'est une sauce pour toi !

On apportait le déjeuner, et Jaume continuait à plaisanter :

— Allons, mets ta serviette et ne te salis pas... Surtout, ne fais pas tomber de sauce tomate sur ton gilet... On ne fait pas tomber de sauce tomate sur soi, quand on est un assassin.

— Mais, Monsieur Jaume...

Et l'assassin protestait, mais riait. On le sentait presque déjà sur le chemin de la confession, et il ne s'y décidait pas d'ailleurs ce jour-là, mais ne devait pas tarder à le faire et, après s'être « mis à table » pour déjeuner, à s'y mettre encore autrement, selon l'expression employée dans « la Maison ».

La comédie au service de la Police, et à l'occasion pour elle-même, lorsque l'effet scénique le tentait par trop, tout Jaume était là. Surmené un jour par un surcroît d'affaires et pressé de les expédier, il y travaillait avec son secrétaire, quand on frappait à sa porte à petits coups discrets. Agacé, il ne répondait pas. On frappait de nouveau. Il ne répondait pas davantage. Mais on frappait encore, toujours à petits coups, et il criait alors d'une voix de tonnerre :

— Entrez !

Un petit monsieur timide se présentait en saluant, et bégayait tout en tremblant :

— Monsieur, je viens d'être cambriolé... Des voleurs sont entrés chez moi... On m'a dit de m'adresser ici.

— On s'est trompé, Monsieur !

— Mais, Monsieur...

— Sortez, Monsieur !

— Oh ! Monsieur... Vous n'êtes pas poli.

— Pas poli ? tonnait Jaume... Pas poli ?... Qu'est-ce que vous dites là ?... Comment, pas poli ?... Mais vous ne savez donc pas avec qui, ici, on est poli ?... Pas poli, et vous vous plaignez ?... Mais on n'est poli ici qu'avec les canailles !

Ahuri, foudroyé, le petit monsieur avait disparu.

La vie n'était pas encore à cette époque la fièvre qu'elle devait devenir à tous les degrés de la société, mais elle y allait, et le Barreau n'était déjà plus le temple de dignité qu'on avait connu. Certains avocats couraient après les procès comme les coulissiers après les valeurs à vendre, et tout un groupe s'en trouvait réuni un après-midi dans le bureau de Jaume, quand on voyait entrer une dame d'apparence correcte, et qui s'approchait de lui avec gêne. Il la recevait très froidement, mais l'écoutait bientôt avec intérêt, apprenait qu'elle était poursuivie pour vol dans un magasin, qu'elle n'avait pas d'avocat, qu'elle venait en chercher un, et il se levait aussitôt plein d'empressement, la saluait avec la plus grande amabilité, et criait de toutes ses forces à son secrétaire, par-dessus le bruit des conversations :

— Bacqué, Madame a volé... Offrez une chaise à Madame !

Personne n'avait peut-être jamais possédé

comme lui l'art de « cuisiner » les criminels et n'y déployait une maîtrise pareille à la sienne. Dans un vol avec effraction, commis dans des circonstances étranges, tout un appartement avait été mis à sac sans que personne eût rien entendu. Il avait été chargé de l'enquête et, avec la divination particulière dont il était doué, avait jugé dès le premier coup d'œil que le voleur devait être le prétendu volé lui-même. Dans un dessein et un intérêt à éclaircir, le soi-disant volé avait simulé un cambriolage, puis était allé le dénoncer à la Police pour mieux donner le change. Jaume, seulement, s'était bien gardé de montrer ses soupçons, ne s'était même pas contenté de les cacher, mais avait témoigné au volé-voleur une commisération, une estime, une sympathie sans bornes.

— Vous avez été affreusement dévalisé, mon cher ami, lui répétait-il avec compassion. Ah ! vous êtes bien malheureux, horriblement malheureux, et je vous demande bien pardon de vous fatiguer par mes questions... Mais vous êtes seul à pouvoir nous éclairer, nous ne trouvons que vous comme témoin, et je suis bien obligé de vous questionner... Excusez-moi... J'en souffre encore plus que vous... Mais soyez tranquille, vous serez vengé !... Nous découvrirons le voleur !

Et, tout un après-midi, il le criblait de questions, comptant sur son accablement pour l'amener, le moment venu, à ne plus savoir se défendre :

— Voyons, rappelez-vous... A' quelle heure êtes-vous rentré ?... Et ce meuble fracturé ?... Combien aviez-vous d'argent ?... Mais je vous fatigue... Reprenez haleine...

Puis, il recommençait encore à l'interroger, le pressait sur un détail, sur un autre, insistait, le mettait hors de lui, doutait de moins en moins de sa culpabilité, le voyait se trahir de plus en plus, mais le laissait de nouveau se reposer, et lui disait tout à coup :

— Allons, c'est fini... Je sais tout ce que je voulais savoir, et je n'ai plus maintenant qu'un mot à ajouter avant de vous permettre de retourner chez vous... Je viens de vous interroger comme témoin, je vais maintenant vous interroger comme accusé, et vous allez tout avouer.

— Hein ?... Quoi ?... Moi ?... Avouer ?... Comment?... Arrêté?... Mais avouer?... Mais pourquoi ?... Pourquoi avouer ?

— Parce que vous êtes un honnête homme, et incapable d'un mensonge !

Et le soi-disant volé avait tout avoué.

IV

— Un de ces soirs, m'avait dit Rossignol, je vous mènerai voir un bel indicateur.

Il me menait rue des Martyrs, un quartier bourgeois, mais dans quelle maison ! Une cour fétide et noire, où débouchaient des escaliers sombres indiqués par de petites lueurs expirantes pareilles à des tremblotements de veilleuses.

— Tenez, montons là... Tâchez de ne pas trop buter.

A l'entresol, après avoir fini par trouver le cordon de sonnette, il sonnait trois ou quatre petits coups espacés chacun de quelques secondes, on entendait un pas, un filet de lumière filtrait au-dessus d'une porte, la clé criait dans la serrure, la porte s'ouvrait, et on voyait un géant débraillé et blême, qui nous regardait d'un œil terne et disait d'une voix caverneuse, mais où il y avait du respect :

— Ah ! c'est vous, Monsieur Rossignol ?

— Bonsoir, B... Alors, tu es chez toi ?

— Toujours à cette heure-ci, Monsieur Rossignol.

— Tu reviens de la Grande Jatte ?

— Naturellement, Monsieur Rossignol.

— Allons, fais-nous entrer... Monsieur est magistrat...

— Bien, Monsieur Rossignol...

Et il nous conduisait dans une petite pièce basse où il y avait une table et des chaises de paille, nous y faisait asseoir, mais restait debout, toujours respectueusement.

C'était un nommé B..., un forçat libéré, autorisé à résider à Paris, mais par exception, sous la surveillance de la Police, et qui travaillait le jour à l'Ile de la Grande Jatte.

— Allons, lui dit Rossignol, assieds-toi... Tu n'as rien de neuf à m'apprendre ?

— Oh ! Monsieur Rossignol, il y a toujours quelque chose... J'irai vous voir un de ces jours, et je vous parlerai...

Il avait l'air de ne pas tenir à parler devant moi, et reprenait, comme pour faire une diversion :

— Ah ! Monsieur Rossignol, je me réhabilite... Je travaille, je suis en train de devenir un honnête homme... Tenez, ajoutait-il en se levant, regardez mes outils...

Et, brandissant une cognée énorme qu'il allait prendre dans un coin et qui ne semblait même pas maniable, mais qui ne lui pesait pas plus dans la main qu'un petit balai :

— Qu'est-ce que vous voulez que je vous fasse ?... Voulez-vous une commode ? Voulez-vous une armoire à glace ?... Voulez-vous même que je vous fasse un piano ?

Rossignol riait, lui posait des questions qui se référaient à des affaires en cours, puis lui demandait à un moment :

— Et ta femme ?

Il répondait de sa voix sombre :

— Elle *travaille* tous les soirs jusqu'à dix heures, Monsieur Rossignol... Elle va rentrer.

Vers dix heures, en effet, on entendait sonner à petits coups espacés, et le géant blême disait en allant ouvrir :

— La voilà...

Quelques secondes après, il revenait suivi

d'une femme en grand deuil, mais dont la figure était couverte de fard sous un voile qui lui tombait jusqu'aux pieds.

Elle entrait en saluant d'un signe de tête, mais sans que Rossignol lui rendît son salut, passait se déshabiller dans une pièce voisine, revenait mise comme une bonne, mais toujours aussi fardée, et s'asseyait sans rien dire à un coin de la table où elle se mettait à lire un journal pendant que Rossignol continuait à questionner le géant :

— Sais-tu où est Un Tel ?... Tâche donc de le trouver... Et X... ?... Tu dis que tu l'as rencontré... Mais il n'a pas le droit d'être à Paris... Qu'est-ce qu'il y fait ?... Et Gros-Jules ? Je ne le vois plus... Et Michel ?...

— Il va probablement venir ce soir.

— Chez toi ?

— Oui.

En le renseignant ou non, mais vaguement, et en continuant à paraître préférer se montrer prudent en ma présence, le colosse lui répondait toujours sur le ton du respect, et la femme, sous son fard, lisait silencieusement son journal à son coin de table, quand on sonnait encore à petits coups comptés :

— Tiens, disait Rossignol, on vient te voir ?

— Ça doit être Michel...

C'était bien Michel, un petit homme trapu et fort, mais borgne, ayant tout un côté de la figure défoncé sous une grande casquette, le menton crochu, avec cela bavard et pétulant, ne s'arrêtant pas de parler, et dont la considération

pour Rossignol avait aussi quelque chose d'extraordinaire.

— Ah ! Monsieur Rossignol, vous êtes là... Salut !... Ah ! comme j'ai bien fait de venir... J'ai
à vous parler... Je veux toujours aller vous voir.

— Allons, bonsoir, Michel... Oui, je suis là
avec Monsieur...

Et, me montrant :

— Monsieur est magistrat... Mais on ne te
voit plus... Qu'est-ce que tu fais ?... Pourquoi
ne viens-tu plus ?

— J'irai, Monsieur Rossignol... J'irai... Mais
pardonnez-moi. J'irai, et j'aurai bien des choses
à vous dire !... J'en aurai !

Il parlait avec une volubilité éraillée, comme
pour forcer les mots à sortir de sa bouche à moi-
tié défoncée sous l'œil qui lui manquait, nom-
mait des gens, donnait des adresses, des renseignements, racontait des histoires et s'écriait à
un moment, comme dans une explosion, après
avoir encore demandé pardon de ne pas aller
plus souvent à la Sûreté :

— Ah ! Monsieur Rossignol, c'est que moi,
voyez-vous, ça n'est pas de ma faute, si j'ai été
ce que j'ai été et si je suis ce que je suis... J'ai
trop souffert, quand j'étais petit, j'ai été trop
malheureux !... Savez-vous ce que faisait ma
mère ?... Elle ne me donnait pas à manger, et
m'envoyait le soir coucher dans la rue... Oui,
Monsieur Rossignol, même en hiver, quand il
faisait froid, qu'il gelait ou qu'il neigeait, et
qu'elle trouvait que je la gênais... Aïe donc !...

Elle me jetait dehors pour toute la nuit... Par bonheur, seulement, j'avais aussi ma grand'-mère... Alors je courais chez elle, et elle ne me renvoyait pas... Elle me gardait, me faisait manger, me réchauffait à son feu, me disait de ne pas pleurer, me faisait coucher dans sa chambre... Oh ! elle m'aimait bien, la bonne femme !... Aussi, vous savez, et je ne crains pas de le dire, à vous, à tout le monde, et devant Monsieur qui est magistrat, et je le crie bien haut : ma mère, c'est une vieille v,.., mais ma grand'mère, c'est mes petits boyaux !

Je revenais de cette visite un peu étourdi. Quels bas-fonds vous révélaient des êtres comme ce géant blafard à la voix sépulcrale, cette fausse veuve avec son fard sous son voile et ce bavard et horrible borgne avec ses propos répugnants où l'on sentait cependant la petite fleur du sentiment, mais poussée dans quel épouvantable fumier ! Et comment pouvait-on aussi y montrer une pareille déférence, et qui semblait même sincère, pour un agent de l'autorité ? Avec quelle main et quels liens de fer, et de quelle mystérieuse et savante manière, la Police pouvait-elle tenir ainsi des bandits en laisse, et les faire aller et marcher comme elle le voulait ? Dans des excursions qu'il m'avait mené faire au Père Lunette et au Château-Rouge, un caboulot et un bal de brigands alors célèbres, j'avais déjà remarqué combien et de quelle manière leur imposait Rossignol, leur facilité à se faire ses indicateurs, et l'espèce de fascination exercée

sur eux par sa force physique, et par la bonhomie, la gaieté, l'humanité ou la rudesse de sa
manière.

— Alors tu es là ? demandait-il à l'un.

— Oui, Monsieur Rossignol.

— Rien de nouveau ?

— Si, Monsieur Rossignol.

— Bon... Viens me voir... Tu me diras ça.
Ou bien, à un autre :

— Ah ! ça, dis donc, toi, te voilà au Père Lunette... Qu'est-ce que tu fais ici ?... Tu n'as pas
le droit d'être à Paris... Viens demain matin à
mon bureau à la première heure... Et, si tu ne
viens pas, gare à toi... Oust !... Tu viendras ?

— J'irai, Monsieur Rossignol.

Quelques jours après la soirée de la rue des
Martyrs, j'allai voir Rossignol un matin à son
bureau, et je le trouvai avec mon ami Hugues
Le Roux, qui étudiait aussi les dessous de Paris
et dont on connaît les intéressants travaux.

— Nous parlions justement de toi, me disait-il en me voyant entrer... Ah ! tu viens de
manquer un joli indicateur.

— Gardeuse, ajoutait Rossignol en riant.

— Gardeuse ?... Qu'est-ce que c'est que ça,
Gardeuse ?

— La Gardeuse d'Oies, m'expliquait Hugues
Le Roux en riant aussi... C'est son surnom.

— Oui, reprenait Rossignol toujours gaîment,
mais nous avons un autre indicateur du même
genre et encore plus beau, c'est La Muette !

Et il nous racontait l'histoire d'un faux

sourd-muet qui allait à domicile demander des secours en montrant des certificats qu'il avait volés, et que son air de gentil garçon et sa figure de petit saint faisaient bien accueillir dans les maisons riches. Il était en même temps au courant de tous les crimes, renseignait aussi la Police, et ils composaient ainsi toute une petite bande habitant le même garni, portant des sobriquets de filles ou de femmes, et se dénonçant entre eux par des lettres anonymes. L'un d'eux, La Ouistitite, avait même dénoncé leur logeur, qu'ils appelaient Ma Belle-Mère, comme fabriquant de la fausse monnaie, cachant dans son fourneau des matrices de pièces de cinq francs, et accusait aussi un autre de leurs camarades, surnommé La Vierge Rouge, d'avoir commis un assassinat dont on était en train de rechercher l'auteur. Il avait seulement supplié, en se jetant à genoux avec toutes sortes de grimaces, de ne jamais laisser soupçonner qu'il avait parlé. Il se déclarait sûr, autrement, de ne pas rester vivant vingt-quatre heures.

— Mon cher ami, me disait Hugues Le Roux en nous en allant, tu appelles du tourisme ce que tu es en train de faire et ce que je fais moi-même, et tu as raison... C'est bien du tourisme, et quel tourisme ! Que sont les précipices de l'Auvergne ou des Pyrénées à côté de ceux de la société ?... Maintenant, je vais te faire mes adieux, car tu ne me reverras pas de quelque temps... Je vais pousser mon tourisme un peu plus loin... Je pars découvrir l'Afrique...

Quelques mois après, je recevais une carte postale illustrée devant laquelle j'aurais cru rêver, si quelque chose avait encore pu me surprendre. On y voyait un roi nègre hautainement assis au milieu de sa cour, et devant lui, dans une attitude déférente, en grandes bottes noires, serré dans un joli costume blanc, un jeune Européen qui lui apportait ses hommages... On lisait au-dessous : *Hugues Le Roux présente à Ménélik la carte du Nil bleu*. Le futur sénateur de Seine-et-Oise était en visite, au fond de l'Afrique, chez le souverain noir en qui la légende voyait le dernier descendant du Roi Salomon et de la Reine de Saba, et ce tourisme-là vous emmenait en effet un peu loin. Il dépassait celui de la rue des Martyrs, du Père Lunette, de la Muette, de Ma Belle-Mère et de la Ouistitite.

M

Dans les hauteurs de la Tour Pointue, Puibaraud a laissé, comme Directeur général des Recherches, des souvenirs qui resteront. Très loin de manquer d'esprit, il se recommandait volontiers des traditions de M. de Sartine. D'une excellente famille du Périgord, il avait, sous ses tendances voltairiennes, un fonds de vieille éducation catholique et bourgeoise qui lui donnait du bon sens et de la raison. Ayant d'autre part le goût de l'humour, il s'amusait, à l'occasion, à vous montrer des photographies de criminels, dont il avait toute une collection et d'où il tirait des comparaisons plaisantes, mais parfois troublantes, entre leurs figures et celles de personnalités à la mode ou même officielles dont il avait aussi les portraits, et il me disait un jour en m'apportant celui d'une dame qu'il était allé chercher dans un tiroir :

— Tenez, connaissez-vous la comtesse de... ?

— De nom, comme tout le monde.

— La voilà...

La comtesse de... était très en vue pour sa fortune et son intimité avec un souverain. Un certain bruit, où il n'y avait rien d'ailleurs que d'inoffensif, s'était récemment fait à son sujet, et un journal, à cette occasion, avait même reproduit un certain nombre de photographies d'elle dans différentes poses. Elle avait un château princier dans les environs de Paris, et les unes l'y représentaient sous les ombrages de son parc, d'autres parmi ses fleurs, d'autres dans sa galerie d'honneur, d'autres à cheval. Je les rappelais à Puibaraud, et il me répondait :

— Oui, je sais... Ça a paru dans *Le X...* J'ai le numéro... Mais attendez...

Il allait en même temps ouvrir un autre tiroir, en rapportait une carte et me disait, avec son sourire :

— Regardez...

C'était une vieille carte de l'Anthropométrie, marquée de différents timbres, et qui devait dater de très loin. Elle représentait une fille aux cheveux en désordre, jolie, très jeune, dans une mauvaise camisole sur le devant de laquelle on lisait un numéro, et photographiée les mains en l'air. Je retournais la carte pour lire le nom, mais il était effacé. Je regardais Puibaraud qui continuait à sourire, et il me donnait l'explication du portrait. Il y avait une vingtaine d'années, un assassinat avait été commis chez un marchand de vin des fortifications. On avait soupçonné la servante, une pauvre fille de quinze ans, d'en être complice, et on l'avait arrêtée. Mais elle était innocente, on l'avait relâchée après l'avoir photographiée, et c'était sa photographie.

— Maintenant, avait ajouté Puibaraud, regardez bien ces deux portraits, la comtesse de... dans son salon et la servante du mastroquet... Eh bien !...

Et il ne pouvait s'empêcher de rire largement:

— Eh bien, la comtesse de... c'est la servante, et la servante c'est la comtesse de...

— Ça n'est pas possible !

— C'est très sérieux... Tenez, examinez bien les deux photographies, n'oubliez pas qu'il y a plus de vingt ans de distance entre les deux, étudiez-les, prenez votre temps, et vous n'aurez plus aucun doute.

Je me demandais encore si ce n'était pas une plaisanterie. Mais, en observant avec attention les deux figures, en prenant son temps, on ne pouvait pas, en effet, ne pas être troublé.

— Mais ces mains en l'air ?

Puibaraud souriait de nouveau :

— Justement... Je n'ai pas besoin de vous dire pourquoi cette fille a été prise dans cette pose. C'est parce qu'elle avait des mains énormes et qu'on voulait pouvoir la retrouver, grâce à ces mains-là, dans le cas où il y aurait eu lieu plus tard de la rechercher... Eh ! bien, regardez le portrait de la comtesse de... dans son salon. Elle a des gants noirs qui lui montent jusqu'au-dessus des coudes et qui cachent précisément ses mains. Or, ces gants-là, elle ne les a pas seulement dans ce portrait-là, mais dans tous, et partout où elle va elle les a toujours. Ni dehors, ni chez elle, jamais elle ne les quitte. Tout le monde l'a remarqué. Vous les lui revoyez dans toutes ses photographies, et vous ne lui faites pas une visite sans les lui revoir !

— Mais est-ce qu'elle n'est pas étrangère ?

— Pas du tout... Elle est de Paris, et tout ce qu'il y a de plus pavé de Paris, tout ce qu'il y a de plus « parigote » !

— Mais son accent ?... Elle passe pour en avoir un comme elle est seule à l'avoir.

— Elle . su le prendre !

Et il me donnait encore détail sur détail. Elles étaient trois sœurs, les sœurs Z... L'aînée s'était fait un renom dans le demi-monde, la seconde était marchande des quatre-saisons, et la cadette était la comtesse de...

J'étais de plus en plus confondu. Certains traits des photographies reproduites par le journal me revenaient aussi comme des coups de lumière, et je finissais par demander :

— Mais comment ne connaît-on pas une pareille histoire ?

— Oh ! pardon... On la connaît peu, et même très peu, mais on la connaît tout de même un peu... Il y a peu d'initiés, mais il y en a, et qui savent l'histoire des trois sœurs Z...

— Et comment, par quelles aventures, en passant par quoi, la troisième, en partant d'où elle était partie, a-t-elle pu parvenir où elle est arrivée et être, non seulement une des grandes dames du grand monde actuel, mais la favorite d'un souverain régnant ?

Mais Puibaraud, à cette question-là, m'arrêtait net, se mettait un doigt sur la bouche, fermait les yeux, et, riant en même temps d'un rire encore plus clos que son sourire :

— Chut !... Chut !... Chut !... Ici, *motus*, mystère, silence total... Non seulement personne ne sait rien, mais personne ne doit rien savoir... Diable !... C'est que la comtesse de... a un salon des mieux fréquentés... Ah ! l'humanité... Que de complications !

Un instant après, il avait reporté les portraits dans leur tiroir, repris son sourire, et me disait en revenant :

— Maintenant, il faudra que je sache quelque chose... En songeant aux photographies reproduites par *Le X...*, j'imagine que le journal aura dû aussi avoir celle de l'Anthropométrie, et qu'il en aura coûté bon à la comtesse pour qu'il ne la reproduise pas à côté des autres...

Et il riait encore à plein rire :

— *Le X...* a dû faire là une jolie affaire... Vous voyez ici la série... D'abord la comtesse dans son salon, avec ses gants... Puis, dans son parc, avec ses gants... Puis à cheval, avec ses gants... Puis dans sa galerie d'honneur, toujours avec des gants... Et puis, vingt ans plus tôt, les mains en l'air... Ça aurait été terrible, mais bien savoureux... Pauvre comtesse de...! Car, après tout, vous savez, c'est une bonne femme, très bonne, et il n'y a jamais rien eu à dire sur elle, bien qu'elle n'ait pas toujours eu ses gants quand on lui faisait sa photographie... Oui, elle n'aura pas dû s'en tirer à bon marché... Mais je le saurai, je vous le dirai... Je saurai... Je saurai !... Ah ! la presse !... La Presse !... Allons, au revoir, le service me réclame.

— A quand ?

— Après les vacances... Je suis un peu fatigué, et je vais partir pour les eaux... Nous nous reverrons à l'automne...

Je retournai le voir en octobre, mais il était malade, on lui avait fait une opération, et les journaux, un mois plus tard, annonçaient sa mort. Il était allé finir à Nontron, dans la paix de sa famille et de son pays, loin de la Tour Pointue et des tiroirs de l'Anthropométrie.

CHAPITRE VIII

L'AFFAIRE. — DÉROULÈDE. — LE GÉNÉRAL X.

I

Entre tant « d'affaires » qui bouleversèrent le pays, la plus terrible fut l'Affaire Dreyfus, « l'Affaire » tout court. On a publié sur elle des bibliothèques, mais on pourrait encore en publier d'autres, et le procès de 1894 n'en avait pas été l'épisode le moins curieusement révélateur.

Il me semble encore assister à l'entrée du Conseil de Guerre dans la vieille et sévère petite salle du Cherche-Midi, et voir la surprise de l'assistance devant l'agitation et la nervosité des juges. De Dreyfus lui-même, je ne me rappelle qu'une figure très rouge où se rongeaient fiévreusement les lèvres et où tremblotait un binocle, mais j'ai toujours dans l'oreille, le ton d'anxiété du président, et les mots par lesquels il coupait à chaque instant la parole à l'avocat :

— Monsieur le défenseur, on ne doit pas parler de « pièces »... Je vous en prie, ne parlez pas de « pièces ».

— Mais, Monsieur le président, si je parle de « pièces »...

— Encore une fois, ne parlez pas de « pièces »... Vous n'avez pas à parler de « pièces ».

— Mais ces « pièces »...

— Je vous le répète encore, ne parlez pas de « pièces »... Vous ne devez pas parler de « pièces »... Vous n'en avez pas le droit... Il ne doit pas être question de « pièces »...

Et ce mot de « pièces », qui reparaissait toujours dans les observations de l'avocat, remettait toujours le président sur les épines :

— Pas de « pièces », monsieur le défenseur, ne parlez plus de « pièces » !

Le défenseur était Me Demange dont l'éloquence rappelait ces mélodieux et retentissants morceaux d'orgue où se répondent tous les instruments, depuis le hautbois jusqu'au trombonne, et qui enchantent les cathédrales. Ses plaidoiries étaient comme des offertoires. Mais il n'arrivait pas ce jour-là à exécuter son morceau, où le mot « pièces » revenait comme un *leit-motif* et exaspérait le président. L'illustre et harmonieux avocat finissait par se rasseoir, exaspéré lui-même de ne pas pouvoir prononcer ce mystérieux mot de « pièces », que ne pouvait pas entendre le président. Puis, le huis-clos était décidé, on faisait évacuer la salle, les débats avaient lieu dans le plus complet mystère, et un officier, après l'audience, venait seulement dire aux journalistes qui se plaignaient dans la cour de n'avoir rien pu savoir :

— Le président, messieurs, ne pouvait pas laisser parler l'avocat, car c'était le secret ou la guerre... M. de Munster, l'ambassadeur d'Allemagne, est venu voir ces jours-ci M. Hanotaux, le Ministre des Affaires Étrangères, et lui a dit : « Votre gouvernement a fait voler un document dans mon ambassade. Or, elle est terre allemande et le principe d'exterritorialité se trouve ainsi violé par vous. Si vous vous servez du document volé, je demande immédiatement mes passeports, et je quitte la France avec tout mon personnel. » Le président connaissait cette démarche, savait qu'une phrase malheureuse ou un mot de trop risquaient de déchaîner une catastrophe, et ne devait pas, dans de pareilles conditions, laisser prononcer la plaidoirie.

L'officier n'avait dit que vérité. Des « fuites » avaient eu lieu au Ministère de la Guerre, provoquées et organisées par des attachés de l'Ambassade d'Allemagne, de connivence avec des attachés de l'Italie et des États-Unis. Des fonctionnaires de nos ministères, un nommé Boutonnet, archiviste à la section de l'Artillerie, et un nommé Greiner, du Ministère de la Marine, avaient été pris leur livrant des documents, et condamnés, l'un à cinq ans de prison, l'autre à vingt ans de travaux forcés. Il fallait se défendre, et tout un contre-espionnage en règle avait dû être organisé. On avait décidé d'entretenir en secret à l'Ambassade allemande, un agent français, madame Bastian, une femme de ménage chargée d'y recueillir, pour nous les remettre, les papiers jetés au rebut, et c'était ainsi que M. de Munster, l'ambassadeur allemand, avait pu venir menacer de la guerre M. Hanotaux, notre ministre des Affaires étrangères, sous prétexte que l'ambassade était terre allemande. D'accord avec d'autres puissances, l'Allemagne entretenait chez nous des bureaux d'attaque, mais prétendait nous interdire un bureau de légitime défense. Ce qui était volé chez nous par elle ne lui semblait pas une cause de guerre, mais ce qui était ramassé par nous dans ses paniers lui en paraissait une. Le président du Conseil de Guerre était averti, et tout le secret de sa nervosité avait été là. L'Étranger entendait être chez lui en France, mais n'admettait pas que la France y fût chez elle.

Après avoir reproché à notre ministre les papiers ramassés dans les paniers de l'Ambassade, M. de Munster était-il vraiment venu encore demander raison à M. Casimir-Périer d'un vol commis dans la valise diplomatique où aurait ainsi été saisie la preuve de la culpabilité de Dreyfus, et M. Casimir-Périer, épouvanté, voulant à tout prix nous éviter la guerre, avait-il donné sa démission de président de la République, à titre de réparation personnelle, pour nous épargner une invasion ? Toujours est-il que, pour une cause tenue secrète, il démissionnait brusquement, à la stupeur du pays, et que cette démission était l'un des premiers mystères qui jetaient, pour des années, toute une partie de la France contre l'autre. Du jour au lendemain, à propos d'un officier juif condamné pour trahison, on voyait, comme à un signal, se déchaîner une guerre civile morale sans précédent, où toute la société prenait feu du haut en bas. Les salons se dressaient contre les salons, les familles contre les familles, les amis contre les amis. Des ménages même, jusque-là des plus unis, allaient jusqu'à menacer de se désunir. Sous une inexplicable impulsion où l'on sentait comme un obscur et immense coup monté pour nous détruire, tous les milieux sociaux se transformaient soudainement en autant de champs de bataille et de folie.

J'avais un ami d'enfance avec qui mes relations, loin de se relâcher après notre sortie de Vaugirard, s'étaient toujours de plus en plus affectueusement resserrées, bien qu'il fût étranger et habitât la Pologne, son pays, d'où il revenait tous les ans faire un séjour à Paris. Vers la fin de 1898, je recevais une lettre de lui m'annonçant sa venue, et me donnant rendez-vous au restaurant Marguerie. C'était, comme toujours, une joie de nous revoir, et nous n'avions encore parlé que du plaisir de nous retrouver, lorsque deux officiers se mettaient à une table près de la nôtre. Subitement, à la simple vue de ces deux militaires, il semblait perdre la tête. Si quelqu'un s'était jeté sur lui pour l'insulter ou le frapper, il n'en aurait pas été plus hors de lui, et tenait tout à coup de furieux propos contre l'armée ! Stupéfait et hors de moi, je lui répondais violemment et le sommais de se taire. Puis, le silence succédait à ces explosions, nous nous quittions, et je lui écrivais le lendemain pour lui demander une explication, mais il ne me répondait pas. Je lui récrivais. Pas de réponse. Nous ne devions jamais nous revoir. Il était peut-être mon meilleur ami.

Le jour du procès Zola, Maurice Barrès avait fait un article sur l'audience, et en corrigeait les épreuves dans un bureau du journal. Tout à coup, deux rédacteurs entraient comme des fous, et se précipitaient sur lui en voulant lui arracher les feuillets des mains. Il se défendait, une bataille s'engageait, et on ne sait comment elle aurait fini si le directeur n'était pas accouru, attiré par le tapage, et n'avait pas fait jeter dehors les deux furieux, en priant Barrès d'excuser le journal, de se remettre à la correction de son article, et en apostant un garçon à la garde du bureau.

Il y avait dans la maison un ancien et célèbre député, très vieux, et qui était venu y prendre sa retraite. C'était le fameux Darimon, l'un des exécuteurs testamentaires de Proudhon, très raillé et caricaturé dans son temps pour son ralliement à l'Empire et la culotte qu'il s'était commandée à l'occasion d'un bal des Tuileries. Il était très oublié, plus qu'octogénaire, et ne comprenait rien aux violences et aux insanités qu'il entendait. Avec le bon sens d'un autre âge, il pensait seulement qu'un officier condamné comme traître pouvait, à la rigueur, être coupable, et croyait un jour pouvoir le dire, mais les deux fanatiques qui s'étaient déjà jetés sur Barrès se ruaient sur le malheureux, le poussaient en le bousculant dans un coin, et là, avec des yeux terribles, sans égards pour ses quatre-vingts ans passés, le menaçaient de le jeter à la rue à coups de poings et à coups de pieds, s'il osait jamais encore insinuer que Dreyfus pouvait ne pas être innocent. Le pauvre Darimon n'en reparaissait pas au journal de quelques jours, et ne se mêlait plus ensuite aux conversations sur « L'Affaire ». Puis, comme elle ne cessait de provoquer des disputes et des bagarres, et qu'on ne parlait pas d'autre chose, il cherchait une formule de conciliation ne risquant plus de l'exposer aux coups. Faible et maladif, et sujet à ces petites infirmités qui sont le partage des vieux jours, il avait surtout une fâcheuse haleine, et lorsque les discussions devenaient trop délirantes, quand dreyfusards et antidreyfusards étaient sur le point d'en venir aux mains, il se glissait entre les groupes, vous prenait à part, et vous disait tout bas, en se haussant vers vous :

— Ça sent mauvais... Ça sent mauvais...

Tous les amis du grand peintre Degas savent quel patriote il était, et l'Affaire Dreyfus, avec tout ce qu'elle trahissait d'intrigues et de menées contre la France, l'avait mis au comble de l'exaspération. Au plus fort de la crise, il faisait un jour poser un modèle pour un de ces tableaux représentant des danseuses qui s'étirent dans leurs écarts et où l'art du dessin est poussé jusqu'au miracle, quand il s'arrêtait brusquement dans son travail, regardait fixement la fille en train de poser, et lui disait tout à coup :

— Est-ce que tu n'es pas juive ?

— Oui, monsieur Degas.

— C'est bon !... Tiens, prends ça, te voilà payée... Maintenant, rhabille-toi vite, va-t'en, et ne reviens plus...

Et la juive, sans rien répondre, avait pris l'argent, s'était rhabillée, et n'était plus revenue. Elle avait compris.

Je déjeunais un matin chez des amis où déjeunait aussi un négociant de l'Amérique du Sud, arrivé de la veille à Paris. Le nom de Dreyfus ne pouvait pas, comme partout, ne pas survenir dans la conversation et, à la surprise générale, le négociant parlait de lui comme si son innocence n'avait jamais été contestée. On lui répondait comme on l'imagine, il en était lui-même consterné, et nous tombions tous dans la plus profonde stupeur en lui entendant raconter que tous les journaux de son pays, de quelque couleur qu'ils fussent, avaient publié des dépêches d'après lesquelles le colonel Henry, avant de se suicider, avait proclamé l'innocence du condamné, avoué que tout avait été inventé et machiné, et qu'il était, lui Henry, l'auteur de toutes les inventions et de toutes les machinations. On se demandait, à ces révélations, si on ne rêvait pas, on n'en croyait pas ses oreilles, et l'Américain du Sud n'en croyait pas non plus les siennes en apprenant que le colonel Henry avait, au contraire, protesté de toutes ses forces qu'il avait simplement traduit la vérité dans ce qu'on avait appelé des faux, qu'il l'avait fait pour la justice, et qu'il mourait pour la France.

On devait ainsi tout voir et tout entendre à cet invraisemblable moment, et les morts mystérieuses ne manquaient même pas. Le 5 janvier 1895, Dreyfus, d'après le rapport de l'officier chargé de le mener à la dégradation, avait avoué avoir livré des documents sans importance pour s'en procurer de sérieux, ajouté qu'il était innocent, qu'on le savait, et que son innocence serait reconnue dans trois ans. Cette déclaration sibylline, niée par lui, passait pour avoir été faite devant le capitaine d'Attel, rapportée le jour même à un député de la Mayenne, M. Chaulieu-Servinière, et l'un et l'autre étaient ensuite trouvés morts, le capitaine aux environs de Paris dans un compartiment de chemin de fer, et le député sur la voie ferrée près de Laval. Auraient-ils pu être des témoins gênants, et leur mort avait-elle été naturelle ? On se le demandait, et le président Félix Faure, le successeur de Casimir-Périer, mourait lui-même subitement à l'Élysée, dans des circonstances encore plus énigmatiques, à l'instant où, selon l'attente générale, il allait se déclarer contre la revision. Le président Loubet lui succédait, et madame Bastian, l'agent de notre bureau de contre-espionnage, affirmait plus tard avoir entendu dire, dans une conversation à l'ambassade d'Allemagne, qu'il faudrait, le moment venu, se débarrasser de Félix Faure pour le remplacer par Loubet ! Ne fallait-il ajouter aucune foi à ce qu'elle avait dit, et croire qu'elle avait rêvé ? Félix Faure, dans tous les cas, avait disparu au moment psychologique, et Loubet l'avait remplacé !

II

Le 19 février 1899, pendant que l'Assemblée de Versailles élisait Loubet, le corps de Félix Faure reposait encore à l'Élysée, et un véritable soulèvement populaire agitait Paris. En descendant les Champs-Élysées, pour me rendre à la Ligue des Patriotes, je rencontrai une foule qui portait un prêtre en triomphe. Arrivé à la Ligue, je racontais la scène, et j'apprenais que d'autres manifestations du même genre avaient eu lieu dans d'autres quartiers. Dans sa révolte et son exaltation, la population se retrouvait chrétienne et acclamait un habit dont elle avait souvent ri, quand elle ne l'avait pas insulté. Convoqués pour le soir même place des Pyramides devant la statue de Jeanne d'Arc, nous nous y rendions en masse et, malgré l'heure tardive, les rues étaient de plus en plus enfiévrées. On sentait comme couver une révolution, et Déroulède, dressé devant la statue, de cette voix claire et puissante qui semblait porter jusqu'à l'horizon, nous donnait le mot d'ordre pour la journée du lendemain, dans le plus entraînant appel que j'aie jamais entendu.

De ces vieux souvenirs des jours de lutte, il m'est toujours resté comme le plus noble. Vrai et savoureux poète dans ses *Chants du Soldat et du Paysan*, grand orateur au sens latin du mot où l'éloquence implique l'homme de bien et n'est pas de l'alcoolisme oratoire, il était, avant tout, le magnifique mainteneur du sentiment national et devrait être, à ce titre, une de nos gloires les plus pieusement célébrées. Comme la petite flamme de l'Arc de Triomphe est la lueur qui ne s'éteint pas, il fut le clairon qui ne cessa de sonner, et dans l'unique et pur souci de la Patrie, sans arrière-pensée de secte ou de coterie, ni de réclame pour une chapelle politique. Contrairement à de prétendues nobles âmes, qui n'en sont guère tout en se donnant l'air d'en être, il était ce qu'il y a toujours eu de plus rare au monde, un véritable honnête homme aimant et pratiquant l'honnêteté et la loyauté pour elles-mêmes, non dans la mesure où elles rapportent. Peut-être est-ce même d'ailleurs en raison de cette pure honnêteté et de cette véritable noblesse, à fond moral et religieux, que sa statue n'est pas de celles qui dominent nos boulevards et nos places publiques, où règnent en revanche les images d'un Étienne Dolet et de plus d'un autre.

A travers toutes les crises et tous les scandales, il ne cessait de guetter l'heure où pourrait apparaître un général Boulanger qui en serait un, et s'amusait, tout en espérant, car il était la gaieté comme l'espérance, à l'appeler le général X :

— Nous attendons encore quelqu'un, nous disait-il un jour tout heureux avant l'un de ces déjeuners d'amis qu'il donnait chez lui avenue Kléber... Nous avons un général !

— Le général qui ?

— Mais le général X !

Et joyeusement, lorsque s'ouvrait la porte du salon et que paraissait le général attendu, l'un des amis de la maison :

— Messieurs, le général X !

Sur le ton plaisant ou sérieux, grave ou badin, le général X, le chef militaire à venir et inconnu avec qui « le coup » devait être possible à l'heure voulue, était ainsi le thème favori de ses conversations et de ses pensées, la grande préoccupation de sa vie, et c'était encore et toujours le général X qu'il nous annonçait, en nous appelant au combat, dans cette délirante soirée de février, mais sans toujours lever le voile qui devait rester baissé jusqu'à l'heure de la bataille. Les obsèques devaient avoir lieu dans la matinée du lendemain, et tout ce que la mort commande de respect, tout ce qu'elle impose de piété, il le rappelait avec une religieuse émotion, en nous exhortant en même temps à tout ce que le combat et la nécessité de la victoire pouvaient exiger d'efforts et de bravoure. Il parlait au pied de la statue, comme inspiré par elle, sous un ciel fourmillant d'étoiles, et terminait avec une flamme et une force dont tous les cœurs étaient étreints :

— Tant que le mort sera parmi nous, rien ! Le respect, le silence, la prière !... Mais, quand il nous aura quittés, quand il reposera dans sa dernière demeure, et qu'il ne sera plus là, *tout !*

Tout ?... Qu'avait-il voulu dire par ce *tout*, et que pouvait-il bien avoir annoncé ? La conspiration contre le pouvoir militaire et la France elle-même n'était plus niable. Trois ministres de la guerre avaient successivement donné leur démission pour refuser de s'y associer. Le cabinet Brisson avait été renversé pour être allé jusqu'à repousser un ordre du jour l'engageant à défendre l'Armée, et le président Félix Faure l'avait remplacé par un cabinet patriote, le cabinet Charles Dupuy, mais pour mourir subitement quelques semaines après. C'était bien la guerre à l'Armée et à la Patrie ! Le moment était donc venu, et l'heure du général X avait sonné. Déroulède marchait avec lui, le cri qu'il avait jeté ne signifiait pas autre chose, et c'était bien ce que tout semblait annoncer pour cette historique journée du 20 février... Mais rien ne devait en sortir, et elle devait rester une énigme. Plus on en avait vu de près les incidents, plus on y avait été mêlé, et moins on se les expliquait. On en gardait comme l'impression d'être entré dans une maison où auraient passé des voleurs, où ils auraient tout dérangé et tout bouleversé, où rien n'aurait plus été à sa place et où il aurait été impossible de se reconnaître.

Tous les ligueurs, le lendemain, selon le mot d'ordre donné, se trouvaient avant midi place de la Nation. C'était l'heure indiquée pour le retour des troupes après les obsèques, et Déroulède devait les attendre à leur passage, venir à elles, adresser son appel au général et marcher à sa suite sur l'Élysée. Nous étions une dizaine qui avions déjeuné le matin avec lui dans un hôtel du faubourg Saint-Honoré. Il nous y avait donné ses dernières instructions, nous avait quittés aussitôt après, et il était environ onze heures lorsque nous étions arrivés nous-mêmes au lieu de la convocation. Chacun s'y était rendu de son côté, et nous nous y étions rejoints au café Arago, où j'étais à côté de Gabriel Syveton. Déroulède attendait dans une maison voisine, mais Marcel Habert était avec nous, et les consommations avaient été payées d'avance pour nous rendre plus libres de sortir au premier signal.

Dès midi, nous prêtions l'oreille, mais on n'entendait rien. A une heure, rien ne s'annonçait encore, et la place, comme le café, n'offraient pas des spectacles ordinaires. La place fourmillait d'une foule où les ligueurs étaient en masse, et toute frémissante d'anxiété. Il passait parmi eux des silences subits, pendant lesquels les têtes se tournaient toutes vers l'avenue par où devaient revenir les troupes, mais où elles ne paraissaient pas. Toute une masse de ligueurs encombraient également le café, mais en faisant semblant de ne s'être jamais vus, pour donner le change aux agents qui devaient se trouver là. Le plus grand nombre n'avaient pas pu se placer aux tables et, pour ne pas laisser soupçonner le motif de leur présence, jouaient et carambolaient aux billards en s'y bousculant, mais en s'excusant cérémonieusement de s'y pousser, comme s'ils ne se connaissaient pas, même lorsqu'ils se tutoyaient :

— Pardon, Monsieur.

— Oh ! pardon.

— Excusez-moi.

— Je ne vous ai pas fait mal ?

— Non, Monsieur...

— Pardon tout de même...

Et de brusques silences, comme sur la place, passaient dans l'établissement, où ne résonnaient plus par instants que les carambolages et où se tendaient toutes les oreilles, mais où l'on n'entendait toujours rien arriver.

Le temps passait, et l'attente devenait fiévreuse. Marcel Habert ne quittait pas des yeux la place et, d'instant en instant, un ligueur venait lui parler, envoyé par Déroulède, pour lui apporter des nouvelles ou en remporter. A deux heures, l'anxiété tournait à l'angoisse, et Syveton me disait tout bas :

— La partie est perdue... C'est fini...

Trois heures sonnaient... Toujours rien... Dans le café, les silences se multipliaient, et un ligueur, de temps à autre, accourait encore apporter une communication à Marcel Habert, pendant que la foule, sur la place, grossissait et s'agitait de plus en plus... Trois heures et demie... La nervosité s'exaspérait. Que pouvait-il bien se passer, et pourquoi les troupes ne revenaient-elles pas ? Avaient-elles pris une autre route et regagné leurs quartiers sans qu'on les ait vues ? On se perdait en suppositions. On finissait même par se demander pourquoi on continuait à attendre, pourquoi on était venu, si on n'était pas le jouet d'une mystification, et quatre heures allaient sonner quand un nouveau silence se faisait encore, mais profond, prolongé, et lorsqu'on saisissait un bruit lointain... On écoutait... C'était un roulement de tambour, et tout le monde était debout en une seconde :

— La troupe !

— C'est eux !

— Sortons...

— Dehors !...

En moins de cinq minutes, le café était vide, et on se précipitait sur la place où était déjà Déroulède. Les tambours se rapprochaient, arrivaient, couvraient les clameurs, et Syveton me disait en courant :

— Enfin les voilà tout de même... Seulement...

Et il fronçait le sourcil :

— Les lapins aussi jouent du tambour !

Mais la troupe débouchait de l'avenue, précédée par un escadron de Gardes de Paris, et le commandant, en passant devant les ligueurs, les saluait d'un grand salut de son épée, en leur faisant en même temps comme une geste d'intelligence. La sympathie se lisait aussi sur les figures des cavaliers, des simples gardes comme des officiers, et ils défilaient dans les acclamations, les cris d'enthousiasme, les milliers de chapeaux et de casquettes brandis par des milliers de mains. On pouvait croire « le coup » fait. Puis, l'escadron passait, l'infanterie suivait, et c'était alors qu'avait lieu la scène historique qui a été racontée partout : Déroulède se dressant devant le général Roget, s'obstinant à le suivre, l'adjurant de marcher sur l'Élysée, mais le général s'y refusant, et tout un effroyable tumulte en résultant... Ce fut alors une confusion, une bousculade, une débâcle sans nom, où la troupe semblait fuir à pas précipités, malgré les appels de certains officiers qui s'efforçaient de l'arrêter. J'entends encore l'un d'eux essayant de se mettre en travers de ses hommes et criant, le sabre levé, aux ligueurs emportés par la cohue :

— Mais marchez donc, marchez !... Marchez donc, marchez donc !

Une demi-heure après, on ne rencontrait plus que des groupes ou des gens égarés qui se cherchaient, erraient ou se bousculaient, sans se retrouver ni savoir où aller. La troupe avait disparu. On n'entendait plus ni acclamations, ni tambours, et j'allais remonter vers le café, lorsque j'apercevais le député Lasies, célèbre pour la gaieté qu'il apportait à la Chambre, mais qui n'avait plus rien de gai, et me criait de loin en paraissant affolé :

— Déroulède et Habert sont arrêtés à la caserne !....

J'allais chercher à lui parler, mais une poussée

de la foule nous séparait et je ne pouvais plus le rejoindre.

III

Déroulède et Habert étaient-ils arrêtés, ou leur arrestation n'était-elle qu'un faux bruit ?... Je voulais le savoir et je descendais à la caserne de Reuilly. J'y faisais remettre ma carte au général Roget en y indiquant l'objet de ma démarche, et il m'envoyait chercher par un planton. Il se promenait dans la cour de la caserne, me tendait la main, bien qu'il ne me connût pas, et me disait très aimablement :

— Monsieur, je suis enchanté de voir un ami de M. Déroulède pour le mettre exactement au courant de ce qui s'est passé. M. Déroulède et M. Habert ont tenu à me suivre jusqu'ici et je ne les en ai pas empêchés. Seulement, je suis obligé de faire respecter la discipline. M. Déroulède a voulu haranguer les troupes dans la cour de la caserne, et je ne devais pas le lui permettre, pas plus que je ne pouvais le suivre à l'Élysée... Mais ces messieurs ne sont pas arrêtés, ils sont à la salle d'honneur. Le planton va vous y conduire, et vous les verrez. Je vous en prie, dites-leur bien de ma part qu'ils sont libres, absolument libres, et qu'ils pourront s'en aller quand ils le voudront !

Le planton, un instant après, m'introduisait

dans une grande et haute salle tout ornée de drapeaux, où Déroulède et Habert étaient assis, et Déroulède s'exclamait en se précipitant vers moi :

— Ah ! c'est vous ?... Vous êtes arrêté ?

— Mais non, pas du tout, et ni vous non plus... Je viens vous dire, au contraire, de la part du général Roget, que vous êtes libres et que vous pouvez vous en aller... Vous êtes à la salle d'honneur !

— Comment ? s'écriait alors Déroulède exaspéré. Comment ?... Nous ne sommes pas arrêtés ?... Nous sommes libres ?... Et à la salle d'honneur ?... Ah ! les canailles !

Le cri pouvait sembler un cri de comédie, mais n'était que l'expression de la stupeur justifiée par une journée où tout devenait de plus en plus inexplicable. On n'arrivait pas à comprendre cette résistance à un mouvement acclamé par tous les patriotes, et qu'on étouffait en l'honorant, ou qu'on honorait en l'étouffant. Tout confondu qu'il fût, Déroulède, cependant, ne s'en ressaisissait pas moins vite et disait à Habert en baissant la voix et en s'assurant que personne ne nous écoutait :

— Nous sommes libres pour la seconde, mais nous ne le serons peut-être plus dans une minute et, puisque Talmeyr est là, nous allons nous débarrasser de notre argent entre ses mains. Il le portera à Gauthier de Clagny, qui le joindra au reste.

Et il me faisait remettre une somme d'environ 5.000 francs, dont un paquet d'un millier de francs en pièces de 40 sous qu'il fourrait en hâte dans une poche de mon paletot, où il ne pesait pas un petit poids. Toujours en guettant si nous n'étions pas observés, il me chargeait ensuite de différentes commissions. Puis, je lui rappelais encore que ni lui, ni Habert n'étaient arrêtés, et j'insistais pour lui demander s'ils ne trouvaient pas préférable de s'en aller, puisqu'ils étaient libres. Mais il me répondait avec la dernière énergie qu'ils ne voulaient pas de la liberté comme on la leur donnait, qu'ils ne s'en iraient pas, et qu'ils entendaient être arrêtés.

A ma sortie de la caserne, il faisait nuit, et la rue était calme, mais on pouvait supposer que, dans l'état de turbulence où était Paris, d'autres mouvements comme celui de la place de la Nation y avaient eu lieu, et j'allais m'en informer au *Gaulois*, où j'étais reçu par un déluge de questions :

— Ah ! vous voilà !... Le voilà !... Eh ! bien ?... Vous étiez du coup ?... Qu'est-ce qui s'est passé ?... Qu'est-ce qu'il y a eu ?... Est-ce qu'on s'est battu ?... Y a-t-il des arrestations ?... C'est raté, bien raté !... Et Déroulède ?... Où est-il ?... Où étiez-vous ?... Racontez-nous...

Et Arthur Meyer se précipitait hors de son bureau, avec des dépêches à la main :

— Eh ! bien, le coup est manqué, et Déroulède et Habert sont arrêtés !

— Mais non !

— Mais si !

— Je reviens de la caserne de Reuilly, j'ai vu

le général Roget, et il m'a dit qu'ils étaient libres.

— Oui, ils l'étaient, et le général Roget voulait en effet les laisser libres, mais le gouvernement vient d'envoyer l'ordre de les mettre en arrestation... Tenez, voilà la dépêche, elle arrive à la minute... Mais vous étiez de l'affaire, vous en revenez, et vous allez nous faire, pour ce soir même, une physionomie de la journée... Quelque chose de vu et de vivant... Des précautions, mais du relief, de la couleur... Que ce soit enlevé, empoignant, mais sans rien casser... Du tact !... Seulement, il est déjà tard, et je vais vous faire servir à dîner dans mon cabinet... De cette façon, vous n'aurez pas à aller au restaurant, et il n'y aura pas de temps perdu... Moi, je dîne en ville, mais nous allons tout de même causer un instant... Venez...

Et, m'emmenant dans son bureau :

— Voyons, dites-moi en quelques secondes ce qui s'est passé... Mais pardon, il fait chaud dans mon cabinet, et vous allez enlever votre paletot... Donnez-le moi... Je vais vous l'accrocher là...

J'allais m'en débarrasser, mais son poids me rappelait ce que j'y emportais. La remise de tout cet argent me paraissait comporter le secret, j'entendais d'avance le cri poussé par Arthur Meyer en soulevant le paquet, je préférais éviter une explication, et c'était, entre lui et moi, toute une petite passe de courtoisie :

— Allons, donnez-le moi.

— Non, non, pardon... Ne prenez pas cette

peine... Je vais l'accrocher moi-même... C'est bien le moins.

— Mais si, mais si... Voyons, vous êtes chez moi... Laissez-moi faire.

— Mais non, mon cher Monsieur Meyer, mais non !

— Mais si !

— Mais non !

— Mais si !

Il était en grande veine d'amabilité, et insistait encore, mais je résistais :

— Mon cher Monsieur Meyer, un directeur n'accroche pas les paletots de ses collaborateurs.

— Et pourquoi pas ?...

— Non... Permettez...

— Donnez....

— Je vous en prie !

Finalement, je l'accrochais moi-même et, par un de ces hasards où plane comme de l'humour, deux garçons, pendant que je dînais, venaient successivement pour le changer de place.

— Non, disais-je au premier, laissez-le là... J'en ai besoin...

— Pardon, Monsieur... C'est que, d'habitude, on ne les met pas là.

Et à l'autre :

— Mais non, mais non... Laissez-le moi... Je l'enlèverai...

— Bien, Monsieur... Bien... Pardon...

A onze heures, l'article était fait. J'habitais Saint-Cloud, mais je trouvais une voiture sur le boulevard malgré les événements de la journée, et personne ne m'arrêtait, à la traversée du Bois, pour me proposer de me débarrasser de mon paletot. Je ne rencontrais âme qui vive, et j'allais, dès le lendemain, voir Gauthier de Clagny, impatient de lui remettre l'argent et de connaître son impression sur l'extraordinaire aventure de la veille. Mais il se montrait fort réservé, et d'une tristesse presque muette. Sa fidélité même à Déroulède et sa vieille et constante amitié pour lui l'avaient-elles engagé à lui déconseiller la tentative, en raison de prévisions qui devaient se réaliser ? Certaines informations lui en avaient-elles fait prévoir l'échec, et l'heure du général X ne lui semblait-elle pas venue ? On l'aurait dit, à la mélancolie silencieuse avec laquelle il paraissait préférer s'abstenir de juger l'événement, tout en rangeant les fonds que je lui rapportais et en m'écoutant lui raconter ma visite à la caserne.

IV

Après tous les mystères de « l'Affaire », on pouvait encore en voir un dans l'aventure de la place de la Nation et de la caserne de Reuilly. Comment, lorsque les troupes auraient dû revenir entre midi et une heure, n'étaient-elles revenues que vers quatre heures, et que s'était-il passé dans ces trois heures ? Même aux moments les plus turbulents du Boulagisme, jamais pareille explosion de nationalisme ne s'était vue dans l'Armée et dans la population. Quand, au retour de la troupe, avait paru Déroulède, des officiers allaient jusqu'à l'acclamer en défilant sur la place, et j'avais toujours dans les yeux l'élan et les signes de tête avec lesquels le commandant des Gardes de Paris avait salué les ligueurs. Je revoyais toujours également les gestes d'adjuration des officiers nous suppliant de « marcher »; et la sympathie avec laquelle, à la caserne, m'avaient regardé et parlé certains d'entre eux, en sachant pourquoi je venais. Comment le général Roget avait-il pu laisser libres Déroulède et Habert après ce qu'ils avaient fait, et déclarer aussi haut les mettre à la salle d'honneur ? Comment l'ordre de les arrêter avait-il tant tardé, et comment, vrai ou faux, le bruit avait-il pu courir que le président du Conseil lui-même, Charles Dupuy, était pour le « coup » ? Comment tout avait-il échoué, lorsque tout présageait la réussite ?

Peu de jours après le 20 février, et plus tard chez des amis, je devais revoir le général Roget et, sans connaître immédiatement tout le secret de l'affaire, en entrevoir déjà quelque chose. Cité comme témoin dans le procès en Cour d'assises qui se termina pour Déroulède par un acquittement triomphal, il avait désiré me parler, et son premier cri, en me recevant, avait été une demi-révélation :

— Ah ! Monsieur, m'avait-il dit, il n'y avait rien à faire avec des soldats qui n'avaient pas mangé... Il était quatre heures, ils mouraient de faim, et n'importe quelle tentative eût été folle. On ne pouvait pas compter sur eux. Il n'y avait plus qu'à rentrer à la caserne !

A quelques mois de là, je le rencontrais chez François Coppée. Il y était beaucoup parlé de Déroulède que la Haute-Cour venait de condamner au bannissement, et il insistait encore avec force sur l'impossibilité où l'on s'était trouvé de réussir le coup de Reuilly. Il ajoutait, comme il me l'avait déjà dit, que les soldats, n'ayant pas mangé, n'auraient certainement pas marché... Nous lui demandions ce qui avait retardé le retour des troupes, mais il n'en avait donné que des raisons vagues, avait allégué les exigences du service, et nous n'avions pas insisté.

Deux ou trois fois, je l'avais encore revu chez Coppée, et nous en étions toujours revenus à l'affaire des obsèques, toujours avec les mêmes explications. Il ne se lassait pas de me redire qu'il n'y aurait rien eu à faire avec des hommes ayant trop attendu leur soupe, et que le service en avait été la cause. Puis, le temps avait passé, et les années s'étaient écoulées, lorsque mon ami Léouzon-Le-Duc, que de vieilles et étroites relations liaient au général, m'invitait à déjeuner avec lui, en me disant avec un certain mystère :

— Il aura quelque chose à vous apprendre.

J'étais, après cette promesse, aussi curieux que charmé de revoir le général, et je retrouvais toujours chez lui le même homme aimable et cordial, mais plus libre, plus confiant, et ne demandant qu'à causer. Il m'annonçait tout de suite qu'il voulait, en effet, me parler depuis déjà longtemps, et semblait comme se libérer d'un poids en me contant ce qui s'était passé dans les trois heures qui avaient suivi les obsèques et précédé le retour à la caserne. Selon les prescriptions de M. de Freycinet, alors ministre de la guerre, tout un bouleversement avait été opéré par le gouverneur militaire de Paris, le général Zurlinden, dans l'ordre où les troupes devaient regagner leurs quartiers. Tel général commandant telle brigade avait été mis à la tête de telle autre, et l'un d'eux, dont on suspectait le loyalisme gouvernemental, avait été écarté de tout commandement. Ces changements avaient pris du temps, retardé la rentrée des régiments, mis les soldats dans un désordre d'esprit, un état de fringale où rien n'était plus possible, et avant tout éloigné un chef militaire dont la présence était la première condition de la réussite. Le mouvement, dans ces conditions, pouvait-il aboutir, et n'était-il pas brisé d'avance ?

Fatalement condamné à toutes les disgrâces pour s'être montré Français, le général Roget venait de prendre sa retraite. Il devait mourir en 1915, en pleine guerre, méconnu par le gouvernement, emprisonné dans l'inaction, y rongeant son frein, et Léouzon-Le-Duc m'a souvent raconté la désolation où l'impossibilité de se faire rendre un emploi par lequel il aurait servi la France avait plongé le pauvre général.

— Je l'ai vu pour la dernière fois en 1915, me

dit-il un jour, au moment de partir pour le front pour aller prendre le service auquel j'étais affecté. Je venais lui faire mes adieux, et il me dit, d'un ton que je n'oublierai jamais, en me voyant en uniforme : « Au revoir, Monsieur le militaire ». A l'amertume qui se mêlait à l'amitié dans l'émotion avec laquelle il me disait cela, je mesurais toute la douleur de ce grand soldat qui aurait tant voulu combattre, et qui en était réduit à la lecture des communiqués...

Mais qui donc était-il, cet énigmatique général pour l'éloignement duquel tout avait été bouleversé au dernier moment ? Le général Roget ne nous l'avait pas dit, et, sur ce point-là s'était tu. On a nommé le général de Pellieux. Était-ce lui ? Était-ce un autre ? On ne devait jamais le savoir, et il resta toujours le général X, inconnu, fantastique, réel ou imaginaire, toujours attendu, toujours espéré, mais qui ne devait jamais paraître ! Et c'était l'insinuant et funeste M. de Freycinet qui l'avait fait rester dans l'ombre. C'était l'historique et trottinante souris blanche, toujours là à certains moments, se glissant et se faufilant toujours partout, qui avait empêché son heure de sonner, dérangé le balancier de la pendule, et arrêté l'aiguille sur le cadran, à la minute où on pouvait l'y croire arrivée !

CHAPITRE IX

UN DÉJEUNER

I

Un matin d'hiver, dans les premiers jours de 1904, après une de ces traversées comme vous en réservent les tempêtes du Pas-de-Calais, j'arrivais à Londres par un brouillard intense, et j'allais au Carlton-Hôtel sonner à la porte de Paul Bézine, l'aimable chef de cabinet du duc d'Orléans. Le Prince m'avait fait l'honneur de me convier à déjeuner, et je ne l'avais encore jamais vu, si ce n'est de loin, il y avait quinze ans, au procès historique où il avait été condamné à la prison pour avoir voulu faire son service militaire et s'être présenté au bureau de recrutement le jour même de ses vingt et un ans. J'avais assisté à l'audience, et le souvenir m'était toujours resté vivant de ce descendant de nos Rois venant du fond de son exil réclamer le droit de servir son pays comme simple soldat. Je voyais et j'entendais toujours son avocat, le plus illustre d'alors, M° Rousse, protestant qu'il n'avait pas à le défendre, mais étendant sur la tête du jeune prétendant sa main tremblante de respect et d'admiration, adjurant la Justice de respecter le civisme, et toute la salle frémissant d'enthousiasme et d'émotion.

Il n'était pas encore l'heure du déjeuner, mais je tenais à prévenir le chef de Cabinet que j'étais là, et que le mauvais temps ne m'avait pas empêché de répondre à l'invitation.

— Excusez-moi si je divague un peu, me disait alors Bézine avec une bonne humeur spirituelle en souriant d'un air fatigué, mais j'ai passé une nuit blanche... Je viens seulement de me lever, bien qu'il soit passé dix heures, et il faut que je retrouve ma tête.

Je lui répondais :

— Je vous en offre autant... Nous avons eu, cette nuit, en venant de Calais, une tempête qui nous a fait rester en mer deux heures de plus. Le train devait être à Charing-Cross avant minuit, et n'est arrivé qu'à trois heures du matin.

— Alors, me répliquait-il, vous vous êtes couché encore plus tôt que moi... Vous n'avez eu qu'une tempête... Moi, j'ai dû assister à un souper... Est-ce la première fois que vous voyez le Prince ?

— Oui... Je ne l'ai jamais encore aperçu qu'au procès d'il y a quinze ans.

— Eh ! bien, vous allez trouver un homme extraordinaire, et extraordinaire en tout, comme information, comme énergie, comme intelligence, comme charme, comme cordialité et amabilité... Tenez...

Et il me montrait à la boutonnière de son smoking un merveilleux camélia blanc :

— Voilà ce qu'il m'a envoyé ce matin, et ses amis d'ici en reçoivent autant presque tous les jours, et sans cérémonie, sans façons, simplement pour vous dire bonjour, comme il vous ferait un signe de la main... C'est royal... Seulement...

Et il souriait encore :

— Il est aussi extraordinaire comme santé, et tout le monde n'a pas la sienne... Hier soir, je venais de me coucher, et je commençais à m'endormir quand on est venu me réveiller et me dire que Monseigneur était là. En même temps, il entrait lui-même dans ma chambre et me disait en me secouant dans mon lit : « Allons, Bézine, allons, je donne un souper, et il ne sera bon que si vous en êtes... Allons, levez-vous, venez, on ne se mettra pas à table sans vous... Allons, Bézine, on va souper... » Bien entendu, j'y suis allé, et j'en ai été enchanté. Je le suis toujours de lui obéir, et la partie a été charmante. Tout le monde s'en est en allé ravi... Seulement, je ne me suis couché qu'à cinq heures du matin, et je ne voudrais pas recommencer la nuit prochaine... Quant à lui, s'il n'était pas sérieux, et si ça devait lui faire oublier son exil, il recommencerait toutes les nuits sans se fatiguer, car rien ne le fatigue... Je vous le répète, il est extraordinaire !

— Et à quelle heure le déjeuner ?

— A midi et demi.

— Serons-nous nombreux ?

— Non, il n'y aura avec vous que Léon de Montesquiou, Maurras, Vaugeois, le secrétaire et moi... Venez seulement un peu avant l'heure, afin que j'aie le temps de vous présenter.

Deux heures plus tard, nous étions à table, et Monseigneur, loin de décevoir mon attente, l'avait encore dépassée. Il y avait, chez ce grand et beau jeune homme, aussi plein de charme que de force, et dont les yeux bleu de ciel dans sa fière et aimable figure étaient comme le sourire de la France, une noblesse simple et familière qui semblait bien vraiment d'un roi. Rien, en effet, chez lui, ne paraissait ordinaire, ni l'élan dans l'accueil, ni l'entrain, ni la bonne humeur, ni la santé, ni certaines saillies de forte gaîté qui rappelaient celles de Henry IV. On comprenait les camélias blancs qu'il envoyait le matin à ses amis pour leur souhaiter le bonjour sans façons, et on ne s'étonnait pas qu'il allât réveiller son chef de cabinet, le secouer dans son lit, et lui dire joyeusement, en souverain et en camarade :

— Allons, Bézine, on va souper !

Tout sérieux qu'il devait être, le déjeuner n'eut rien de cérémonieux et chacun y plaça son mot. Seul, le secrétaire, un comte ou un vicomte dont j'ai oublié le nom, ne desserra pas les dents, et garda un silence dont Léon de Montesquiou s'amusait tout bas en me poussant le coude. Le Prince avait un magnifique appétit, et là, comme en tout, dépassait l'ordinaire. Je revois encore circuler un plantureux plat de cailles où chacun de nous prenait la sienne, mais où il en reprit jusqu'à deux ou trois. Il rappelait par là ce légendaire appétit des Bourbons dont nous entretiennent tant de mémoires, et nous impressionnait en même temps par tout ce qui revivait en lui des grandes et solides traditions royales, notamment par une connaissance intime des puissances européennes. Il parlait des États, des nations, des familles régnantes et des gouvernements comme un propriétaire vivant sur ses terres et s'entendant à les exploiter parle de ses domaines et des terres de ses voisins, ou comme de parents et d'alliés connus à fond. Il semblait avoir tout vu, tout fréquenté, tout vécu.

La guerre russo-japonaise venait d'être déclarée, et ni dans la presse, ni dans les milieux prétendus informés, personne ne prévoyait les terribles défaites de l'Empire russe. On ne l'imaginait pas tombant si bas, et l'opinion se plaisait même plutôt à croire à sa victoire. Mais le Prince, dès que la conversation s'engageait sur ce sujet, souriait des illusions dont se berçait le public, dont nous nous bercions nous-mêmes, et nous annonçait tout ce qui se préparait. On n'avait pas idée du désordre, de la désorganisation et du chaos russes. Ils dépassaient tout, et on ne se doutait pas non plus de la solidité politique et de la puissance militaire et maritime du Japon. La malheureuse Russie, dans ces conditions, ne pouvait qu'être lamentablement battue, et il fallait s'attendre à son effondrement. Il était certain. Elle était écrasée d'avance. Mal informés comme tout le monde, nous ne l'écoutions pas sans surprise, mais tout ce qu'il disait, les faits qu'il citait, les détails qu'il donnait, tout cela sentait tellement la réalité qu'il était impossible d'en douter. Il n'y avait d'ailleurs chez lui aucun parti pris contre nos alliés, à qui allaient au contraire toutes ses sympathies. Il en parlait comme d'amis qu'on aime bien, mais dont on sait les faiblesses, dont on déplore les sottises, et dont on voit venir les malheurs.

On sait quelle catastrophe fut en effet pour la Russie cette guerre avec les Nippons, quelle chute elle fut pour elle, quelle ascension pour eux, et je ne me suis jamais rappelé la révélation qu'il nous en avait faite sans me souvenir en même temps de la célèbre réponse de madame Rolland à son mari qu'étonnait la clairvoyance de Louis XVI dans la politique extérieure : « Un roi, mon ami, sur ce point-là, en saura toujours plus long que toi. » Rien de ce dont il nous avait prévenus ne manquait, en effet, de se réaliser, et tout devait arriver, à la lettre, comme il nous l'avait prédit, tout en accompagnant ses prédictions de saillies comme il en avait et tout en reprenant des cailles.

Après le déjeuner, Monseigneur me faisait la faveur de me retenir seul avec lui et, toujours avec sa verve, m'entretenait de ses vues sur la France. Il ne la concevait toujours que foncièrement et intégralement traditionnelle, se maintenant avec intransigeance et religieusement dans le champ de ses principes et de son histoire, mais en sachant y prendre des voies nouvelles, en ne craignant pas d'y introduire tout ce qui pouvait et devait être raisonnablement et logiquement nouveau. Il voulait « renouveler », et « renouveler hardiment », mais pour « conserver », et ne pardonnait pas à une certaine classe de conservateur la façon arriérée et bornée dont ils l'étaient.

— Il n'y a rien à leur faire entendre, me disait-il avec la saveur qu'il mettait dans ses expressions. Il faudrait, pour les faire marcher, que je puisse les mettre à la salle de police !

Son grand reproche à ces « conservateurs » était précisément de ne pas savoir « conserver », de ne pas réagir, et notamment de ne pas le faire par la presse qu'ils auraient pu avoir, et qu'ils n'avaient pas. Si l'on en exceptait quelques rares et vaillants francs-tireurs qui les défendaient à leurs risques et périls, et à qui ils ne rendaient généralement pas justice, ils n'avaient même en réalité pas de presse du tout. Ils auraient pu, cependant, s'ils l'avaient voulu, avoir des journaux tout aussi attrayants et tout aussi répandus que ceux de leurs adversaires, et ce n'était ni l'argent, ni les talents qui leur manquaient, mais ils avaient aussi peur de dépenser l'un que d'encourager les autres, et ne comprenaient ni la générosité, ni l'habileté, ni l'esprit. Ils auraient pu aussi avoir par leurs familles, leurs alliances et leurs relations jusque dans les Cours, les premières informations du monde, mais ne paraissaient même pas s'en soucier et laissaient prendre à la presse adverse, sur le terrain des renseignements comme sur tous les autres, la place qu'ils auraient dû occuper. Ils se mettaient à sa remorque lorsqu'ils auraient dû la mettre à la leur. Un parti de démissionnaires, et de démissionnaires perpétuels, c'était, en réalité, ce qu'ils étaient. Au lieu de faire revivre le passé en le rajeunissant, comme ils auraient pu le faire par leur fortune et les talents qui ne manquaient pas parmi eux, ils préféraient se retirer et s'endormir dans le regret de le voir mourir.

Il reprochait aussi à ces mêmes « conservateurs » qui « ne conservaient pas », leur tendance à se diviser et se subdiviser en coteries, en chapelles et en petits groupes, et rêvait un pays fortement lié par tout ce qui avait toujours été l'essence et le fond de la tradition et devait continuer à l'être, la Religion, l'Ordre moral, les libertés et toutes les facilités sociales légitimes, données et dosées selon l'équité, l'humanité et le bon sens. Il voulait pour cela un parti uni, laissant de côté les querelles et les rivalités personnelles, les polémiques et les hostilités ridicules, sachant oublier et pardonner, revenait encore à la nécessité d'un « renouveau », et n'avait de sévérité que pour les capitulations auxquelles se laissaient quelquefois aller « les honnêtes gens » qui se permettaient alors de ne pas en être !

— Est-ce que vous connaissez M. X... ? me

demandait-il tout à coup en quittant le ton sérieux et en s'égayant à un souvenir qui lui traversait l'esprit.

M. X... était une des notabilités les plus en vue du parti monarchiste, mais s'était compromis au moment de l'affaire Dreyfus par la publication d'une lettre qui avait scandalisé ses amis, et lui avait attiré de la part du Prince une dépêche publique où, faute d'être « mis à la salle de police », il recevait les étrivières comme on les avait rarement reçues. La dépêche avait naturellement fait le plus grand bruit, Monseigneur n'y était pas allé de main morte, et le pauvre M. X..., bien qu'on lui eût ensuite pardonné, portait toujours les marques de la mémorable correction qu'il avait reçue.

— Monseigneur, dis-je au Prince en ne pouvant m'empêcher de sourire, non seulement je connais M. X..., mais j'ai même souvent l'occasion de le rencontrer.

— Eh ! bien, me répondait-il, je vais vous donner une commission pour lui... Il ne faut plus qu'on pense à ce qui s'est passé.

Et il ajoutait avec une large gaîté :

— Vous lui direz de ma part que j'ai tout oublié...

C'était généreux, mais en même temps d'une ironie qui venait de haut. C'était princier.

— Allons, reprenait-il un instant après en me tendant la main, à quand ?... Vous reviendrez bien me voir un jour ?

Et, avant de me congédier, il me disait encore

en m'ouvrant ses bras, comme il le faisait avec tous ses amis :

— Embrassez-moi... Quand j'embrasse un Français, il me semble toujours un peu embrasser la France.

Et je voyais poindre une larme dans le sourire de ses yeux bleus.

II

Une année et quelques semaines s'étaient passées depuis cette journée du Carlton, lorsque j'apprenais l'arrivée du prince à Bruxelles, où il était descendu à l'Hôtel-Métropole. Je partais sans tarder lui présenter mes devoirs et j'étais reçu par la marquise de Mac-Mahon, l'une des dames royalistes les plus notablement dévouées à sa cause et qui lui ont fait le plus d'honneur. Elle semblait inquiète, et me disait tout de suite :

— Monseigneur est un peu souffrant... Il reçoit, mais il ne faut pas rester auprès de lui trop longtemps, afin de ne pas le fatiguer.

Il m'accueillait toujours avec le même charme, en embrassant le Français qui lui rappelait la France, mais j'éprouvais, bien que prévenu de son état de santé, une véritable stupeur en le revoyant. Au lieu du prodige de force et de verve qui m'avait tant frappé à Londres, je ne retrouvais plus qu'une ombre. Il n'avait plus rien de cette puissante et magni-

fique humeur dont il était alors si rayonnant,
et qui le rendaient aussi extraordinaire pour la
fête que pour la lutte, sous sa secrète mélancolie d'exilé. Il avait maigri, parlait en hésitant,
vous écoutait d'un air vague, ne semblait plus
s'intéresser au monde, et ne bougeait pas de son
fauteuil où paraissait le retenir une fatigue extrême. Je ne restais que quelques minutes, et il
me serrait les mains avec émotion en me voyant
me lever, me regardait m'en aller avec regret,
mais ne cherchait pas à me retenir.

— Monseigneur, en effet, paraît bien souffrant, dis-je en sortant de chez lui à madame de
Mac-Mahon... Qu'est-ce qu'il peut bien avoir ?

Elle me répondait :

— On ne sait pas, mais il est surtout très fatigué... Avez-vous vu M. Bézine ?

— Pas encore... Est-ce qu'il est là ?

— Oui... Vous le trouverez dans son bureau.

Quelques instants après, j'étais chez Bézine,
et il me demandait tristement, d'un ton de dé-
couragement :

— Eh bien ?... Que dites-vous du Prince ?

— Mais je ne le reconnais plus... Il est malade ?

Il gardait d'abord le silence, et finissait par
me répondre :

— Oui, j'en ai peur, assez malade... Mais les
médecins ne savent pas au juste ce qu'il a... Ils
ne se prononcent pas...

Je rencontrais dans la journée un royaliste
que je ne savais pas à Bruxelles mais qui y était

venu comme moi, et il me disait tout de suite
avec consternation :

— Eh ! bien, vous avez vu le Prince, et vous
savez ce qu'il a ?

— Oui, je l'ai vu, mais que peut-il avoir ?

— On ne vous l'a pas dit, et en effet, on ne
le dit pas, mais je vais vous le dire... En réalité,
il n'a rien... Seulement, il s'était mis depuis
quelque temps à prendre de l'embonpoint, et
n'en supportait même pas l'idée. Alors, il s'est
adressé à des médecins qu'il n'aurait jamais dû
voir, et il a fini par tomber sur des gens qui lui
ont persuadé que, pour maigrir, il ne fallait
plus prendre que du thé, et faire 20 kilomètres
à pied par jour... Avec sa curiosité qui le porte
à tout écouter et à tout tenter, il l'a cru, et c'est
ce qu'il fait... Voilà tout...

Je quittai Bruxelles confondu et, me trouvant
à quelque temps de là, chez Paul Bourget, je
lui racontais mes visites du Carlton et du Mé-
tropole, l'impression que j'avais rapportée de
la première, l'étonnante connaissance de l'Eu-
rope et de la politique qu'avait le Prince, la sûreté d'information et de jugement avec laquelle
il nous avait prédit la défaite de la Russie, sa
conception d'un retour de la vieille France à
la vie, sa gaîté, sa santé et cet appétit de roi qui
vous rappelait les Bourbons, puis le spectre que
j'avais retrouvé, et ce qui m'avait été raconté.

— Ah ! me répondait alors Bourget un peu
pensif, après m'avoir écouté avec attention...
Oui, le Duc d'Orléans est bien un véritable

prince, et il en a bien toujours donné l'idée à tous ceux qui l'ont approché, même quand ils n'étaient pas ses amis. On sent en lui un prétendant qui pourrait sérieusement en être un, on en a peur, et je ne sais pas si vous connaissez le propos qu'on prête, à ce sujet, à Joseph Reinach, et qui n'est peut-être d'ailleurs pas de lui, mais ne doit pas avoir été inventé. Il était question du Prince dans une réunion de républicains, on y parlait de ces qualités de souverain qui vous ont tant impressionné, comme elles impressionnent tout le monde, et on rappelait la condamnation à la prison qu'il était venu encourir le jour de ses vingt et un ans pour demander à faire son service militaire, lorsque Reinach, qui était là, et qu'agaçait ce qu'il entendait, aurait fini par s'écrier au récit d'un fait qui était par trop un éloge :

— Oh ! oh !... Il y a là quelqu'un... Il faudra à tout prix que nous le supprimions !

On aura fait, à propos des drames politiques qui ne cessent de se dérouler depuis cinquante ans, plus d'une supposition folle, mais il y aura eu aussi plus d'un mystère. Pouvait-on croire qu'un régime homicide eût été conseillé au duc d'Orléans par des agents chargés de le supprimer, ou serait-ce une folie de le supposer ? Il ne devait pas, dans tous les cas, y persévérer longtemps, et tarder à redevenir lui-même, ce « quelqu'un » qui était à craindre, et dont il fallait « se débarrasser ». Le certain était encore qu'il ne devait pas pouvoir supporter la proscription comme l'aurait supportée un autre, et qu'il se tournait avec passion vers les explorations et les aventures, autant par le besoin d'ouvrir des routes et des horizons à une vitalité et des énergies incapables de se contenir que par celui de s'éloigner d'une patrie dont il avait la douleur de ne pas pouvoir fouler le sol. On connaît ses lointaines et périlleuses expéditions sur *la Belgica* dans les banquises, et particulièrement cette découverte d'une terre inconnue où, à minuit, à la lumière de ce soleil nocturne qui éclaire le pôle, il planta de ses mains le drapeau tricolore en la baptisant Terre de France. « A minuit, a-t-il raconté lui-même, les couleurs françaises sont hissées sur un mât de pavillon. Il est impossible de décrire l'émotion qui m'a étreint le cœur à ce moment. Après vingt ans d'exil, je me trouvais sur un sol où j'avais planté moi-même le drapeau de mon pays. » On sait aussi quelles épiques chasses aux fauves lui servaient à étourdir le supplice de son exil par sa passion du danger et de l'inconnu.

Jusqu'à quel point, en allant explorer ainsi la banquise ou faire des battues de fauves et d'éléphants, ne rassurait-il pas et ne « débarrassait-il » pas ses ennemis ? Pendant qu'il plantait le drapeau français sous le soleil de minuit, il ne venait pas le saluer sous le ciel de France, et il n'est pas douteux qu'il y eut toujours un mot d'ordre pour l'en tenir éloigné par tous les procédés. Qui sait ce que serait peut-être devenu le régime de vice, de vol et de trahison, pour le-

quel on le regardait comme une menace, s'il avait
pu se montrer dans son pays ? En 1914, à la déclaration de guerre, il demandait au Gouvernement l'autorisation de s'engager dans l'armée
française, comme l'avaient déjà obtenu sous la
République deux princes de sa famille en 1870.
Mais le Gouvernement la lui refusait, alléguait
la Loi française, et lui conseillait d'offrir ses services à l'Angleterre, à qui rien ne défendait de
les accepter. Il se conformait à l'invitation, mais
l'Angleterre, malgré le Conseil du gouvernement
français, et sous le drapeau de laquelle il avait
autrefois servi dans sa jeunesse, lui opposait également un refus, en prétextant l'alliance avec la
France. Il se tournait alors successivement vers
la Belgique, la Russie et les États-Unis, mais se
heurtait partout à la même opposition et au
même prétexte : l'Alliance, bien qu'il s'adres-
sât à tous ces pays sur l'invitation même de
l'Allié ! Sans motif raisonnable, le même mot
d'ordre se trouvait ainsi étrangement donné partout, comme par une entente secrète.

L'occasion ne devait plus se représenter pour
moi, après ma visite à Bruxelles, d'aller encore
saluer le Prince, et je ne pouvais plus le revoir
que dans mes souvenirs et les récits de ses explorations. Mais combien de fois ne m'y suis-je
pas reporté ! Que de fois n'ai-je pas revu le soir
où je m'embarquais à Calais par la tempête pour
ne pas manquer de répondre à l'invitation du
descendant des Rois de France, et ce brumeux
matin de Londres où je trouvais l'aimable Paul

Bézine à la fois charmé et somnolent de la fête
de nuit donnée par le prétendant, et fleuri, dès
son lever, du camélia blanc qu'il en avait reçu
à titre de bonjour ! Comment n'aurais-je pas
aimé à revivre le royal et prophétique déjeuner
du Carlton, et tout ce qui s'y était dit et prédit !
Hélas ! Je ne pouvais pas ne pas me rappeler
également le fantôme imprévu de l'Hôtel-Métropole et penser en même temps au fameux propos : « Oh ! oh !... Il y a là *quelqu'un*... Il faudra à tout prix que nous le supprimions ! »
L'histoire des vingt kilomètres par jour en ne prenant que du thé comme nourriture, dans le but
de ne pas s'alourdir par l'embonpoint, contenait-
elle quelque chose de vrai, où n'avait-elle été
qu'une invention ? Comme sur tous les hommes
et toutes les choses de ce temps-ci, la vérité sur
le Duc d'Orléans n'a pas été souvent dite, car il
n'y a peut-être jamais eu d'époque dont il ait
été aussi mystérieusement défendu d'écrire l'histoire que celle où la liberté de tout dire avait été
proclamée. « Il faudra le supprimer ! » aurait dit
quelqu'un. Et il a bien été supprimé, ne fût-ce
que par la barrière qui lui fermait la France
et ne devait jamais s'ouvrir. Même par les puissances étrangères, il devait toujours en être im-
placablement éloigné et, dans son désespoir de
ne pouvoir y embrasser le drapeau français, aller
le planter sur le pôle !

TABLE DES MATIÈRES

E. GREVIN — IMPRIMERIE DE LAGNY — 1926.

Dernières Publications parues

SOULIÉ (M.), Enigmes et drames judiciaires d'autrefois. La Mort et la Résurrection de M. de la Pivardière. 1 vol. in-16.

PRAVIEL (A). Enigmes et Drames judiciaires d'autrefois. « Notre Dame » de Praslin. 1 vol. in-16.

HEYRAUD (Ch.). Le Cœur gagne. Comédie en 3 actes, 1 vol. in-8° écu.

COURTEAULT (P.). La Révolution et les Théâtres à Bordeaux, d'après des documents inédits, ouvrage orné de gravures. 1 vol. in-8° écu.

SCHNEEBERGER (A.). Conteurs Catalans, 1 vol. in-16.

HAVARD DE LA MONTAGNE (R.), A propos d'un centenaire. Etude sur le Ralliement, 1 vol. in-16.

ZIDLER (G.), La Gloire nuptiale. 1 vol. in-16 jésus.

AVESNES. Au Soleil d'Or, au Printemps vert. 1 vol. in-16 jésus.

DAYE (P.), Moscou dans le souffle d'Asie. 1 vol. in-16.

VALENTIN (F.). L'Avènement d'une République, Luttes intérieures de la Chine, de 1911 à 1923. 1 vol. in-16.

HALGAN (C.), Les Nuits de Jacques Veyral. Roman. 1 vol. in-16.

SAINT VALERY (L. de), Tendances d'Art. 1 vol. in-16.

BOUCHARDON (P.), Enigmes et drames judiciaires d'autrefois. Crimes d'autrefois. 1 vol. in-16.

MASCAREL (A.), Cinquante ans de souvenirs. Quelques portraits. 1 vol. in-16.

CHESTERTON (G. K.), La Nouvelle Jérusalem. Traduit de l'anglais par Jeanne Fournier-Pargoire. 1 vol. in-16.

BELLESSORT (A.), A travers les pays et les livres. Le Crépuscule d'Elseneur. 1 vol. in-16.

ARNAUD (R.), La débâcle financière de la Révolution. Cambon, (1756-1820) d'après des documents inédits. 1 vol. in-16.

BERTAL (R.), La Passion du curé Bernoquin. Roman. 1 vol. in-16.

Imp. H. DIÉVAL, 57, rue de Seine, Paris.

www.ingramcontent.com/pod-product-compliance
Lightning Source LLC
LaVergne TN
LVHW010959180726
843502LV00004B/1253